AF312858

CATALOGUE

D'ACTES

DES COMTES DE BRIENNE

950-1356

PAR

H. D'ARBOIS DE JUBAINVILLE

EXTRAIT

de la *Bibliothèque de l'École des chartes,*

XXXIIIᵉ VOLUME. 1872

PARIS

—

1872

CATALOGUE

D'ACTES DES COMTES DE BRIENNE

950-1356.

Les comtes de Brienne ont été passés sous silence par les auteurs de l'*Art de vérifier les dates*. On s'est occupé d'eux tout-à-fait sommairement dans l'*Histoire généalogique de la maison de France*. M. de Sassenay, dans son livre si intéressant sur les Brienne de Lecce et d'Athènes, n'a étudié la vie que d'un petit nombre d'entre eux.

On peut donc dire que la maison de Brienne attend encore un historien.

Cet historien, nous ne sommes pas en mesure de le devenir ; mais, avant qu'il se produise, nous avons pensé qu'on pourrait consulter avec quelque utilité le recueil qui suit. Nous n'y avons pas compris les actes napolitains et florentins cités en si grand nombre dans le court et substantiel ouvrage de M. de Sassenay. Nous ne nous sommes guère servi que de documents français, et notre travail pourra être considéré comme un complément du volume publié par l'auteur dont nous avons déjà deux fois dit le nom.

Ce travail sera divisé en treize sections correspondant chacune au règne d'un comte de Brienne.

Section 1re, Engelbert Ier, nos 1-2, 950(?)-969(?).

Section 2e, Engelbert II, nos 3-5, 996(?)-1035(?).

Section 3e. Gautier Ier. nos 6-19, 1035-1089(?).

Section 4e, Erard Ier, nos 20-34, 1097(?)-1114.

Section 5e, Gautier II, nos 35-59, 1125(?)-1161(?).

Section 6e, Erard II, nos 60-102, 1161-1189.

Section 7e, Gautier III, nos 103-135, 1192-1205.

Section 1ʳᵉ. — ENGELBERT Iᵉʳ.

1. — Du 19 juin 950 au 18 juin 951 (*anno XV regnante Ludovico rege*). — Gislebert, duc de Bourgogne, donne à l'abbaye de Montiéramey un bien appelé *Alericum*, dépendant de la seigneurie de Piney. Engelbert [Iᵉʳ, comte de Brienne], de qui ce bien était tenu en fief, accorde son consentement à cette donation.

Edit. Duchesne, *Histoire de la maison de Vergy*, p. 34.

2. — Vers 969. — Adson, comte de Rosnay (Aube), donne à l'abbaye de Montiérender ses biens dans le Pertois. Le comte Engelbert figure parmi les témoins. Cette charte est sans date. Mais Adson, comte de Rosnay, de qui elle émane, paraît identique au comte Adson, l'un des témoins de la charte d'Héribert, comte de Troyes, pour la même abbaye, 17 janvier 969 (Camuzat, *Promptuarium*, f° 85).

Arch. de la Haute-Marne, 1ᵉʳ Cartulaire de Montiérender. f° 31 v°.

Section 2ᵉ. — ENGELBERT II.

3. — 24 octobre 996 - 20 juillet 1031 (*regnante Roberto rege*). — Engelbert, comte de Brienne, rappelle qu'Engelbert Iᵉʳ, son prédécesseur, a relevé l'abbaye de Montiérender de ses ruines. Il abandonne à cette abbaye les redevances qu'il possédait sur le village de St-Christophe. Seing de la comtesse Adelaïde.

Arch. de la Haute-Marne, 1ᵉʳ Cartulaire de Montiérender. f° 40 v°-41 v° ; cf. Mabillon, *Ann. Bened.*, IV, 268 ; D. Bouquet, X, 613-614 note ; *Gall. Christ.*, IX, 916.

4. — 1027-20 juillet 1031 (*regnante Roberto rege Francorum*). — Dudon, abbé de Montiérender, donne à cens, à un

homme honorable nommé Constantin, un moulin sur l'Aube.
Seing d'Engelbert comte et de son frère Gui.

1er Cart. de Montiérender, f° 43 v°-44 r° ; cf. Mabillon, *Ann.
Bened.*, IV, 268 ; *Gall. Christ.*, IX, 916.

5. — 1027-1035 (sans date). — Dudon, abbé de Montiérender, rappelle qu'Engelbert, comte de Brienne, ayant une
sœur vierge, l'a fait épouser à Etienne de Joinville et lui a donné
en mariage l'avouerie du *pagus Blesensis*. Pour obtenir que le
pagus Blesensis soit mieux gardé, Dudon assure à Etienne une
rente annuelle de 40 béliers, autant de porcs, six repas, et des
corvées pour le transport du bois nécessaire à l'entretien des
fortifications du château de Joinville. Parmi les témoins sont les
comtes Gui et Engelbert II. (Sur l'abbé Dudon, voir *Gall.
Christ.*, IX, 916).

1er Cart. de Montiérender, f° 55 v°-56 r°; éd. Mabillon, *Ann.
Bened.*, IV, 712 ; cf. Albéric. *sub anno* 1055.

Section 3e. — GAUTIER Ier.

6. — 28 décembre 1035 (v. *kal. januarii, regnante Henrico rege anno V*). — Mainard, évêque de Troyes, sur la demande de Gautier, comte de Brienne, accorde à l'abbaye de
Montiérender la liberté de l'autel de Saint-Léger-sous-Brienne
(Aube).

Mention *Gall. Christ.*, XII, 495 C.

7, 8. — Vers 1048. — Chartes sans date de Milon, abbé de
Montiérender, constatant des actes de cet abbé faits en présence
du comte Gautier et de Pétronille, sa mère. (Voir sur cet abbé,
Gall. Christ., IX, 916-917).

1er Cart. de Montiérender, f°s 49 v°, 51 v° ; cf. *Ann. Bened.*,
IV, 509.

9. — 22 mai 1048. — Concile de Senlis auquel assiste Gautier Ier, comte de Brienne.

Edit. Martène, *Collectio*, VII, 58-59.

10. — 6 juin 1050 (IIII *feria post Pentecostem, eodem
anno quo papa Leo ecclesiam sancti Remigii Remis Domino
dedicavit, nec non Henrico rege regnante*). Gautier, comte
de Brienne, de concert avec Pétronille, sa mère, abandonne au
prieuré de St-Léger-sous-Brienne tous les droits qu'il avait sur
ce prieuré.

Premier Cart. de Montiérender, f° 48 v°. 49 r° : cf. *Ann. Bened.*, IV, 508.

11. — Du 23 mai au 24 septembre 1072 (*anno ab incarnatione Domini* 1072, *indictione* X, *regnante Philippo rege anno* XIIII). — Rainard, évêque de Langres, du consentement de Gautier Ier, comte de Brienne, de sa sœur femme dudit Gautier, et de leurs enfants, donne à l'abbaye de Montiérender la moitié de la terre d'Epothémont. Parmi les témoins : Eustachie, comtesse : Gautier, comte de Brienne : Engelbert, son fils ; Gui, comte.

1er Cart. de Montiérender ; édit. *Gall. Christ. nov.* IV, *instr.* 147-148 ; *Gall. Christ. vet.* II, 638-659 ; cf. *Ann. Bened.*, V, 54 ; *Gall. Christ. nov.*, IV, 562.

12. — 1075-1083 (*regnante Philippo in Francia... presidente apud Trecas in episcopatu Hugone, filio Witerii de Donno Petro*). — Gautier du Donjon de Brienne, avec le consentement de sa femme Adeline, et de ses fils Thibaut et Gui, donne à l'abbaye de Molesme ce qu'il avait à Radonvilliers. Témoins : Gautier, comte de Brienne, et Engelbert, son fils, depuis moine.

Archives de la Côte-d'Or, 1er Cart. de Molesme, f° 24 v° ; éd. Socard, *Mém. de la Soc. académique de l'Aube*, 3e série, t. I, p. 227-228 ; cf. *Gall. Christ.*, XII, 533 D.

13. — 1082 au plus tard. — Thibaut Ier, comte de Champagne, règle les droits de Gautier, comte de Brienne, sur l'abbaye de Montiérender.

1er Cart. de Montiérender, f° 71 r°-72 r° ; cf. *Histoire des Comtes de Champagne*, t. I, p. 400-401.

14. — 1082 (*Meldis civitate in concilio publico*). — Hugues de Die, légat du pape, sur la demande de Thibaut Ier, comte de Champagne, prononce une sentence d'excommunication contre Gautier, comte de Brienne, qui, après avoir juré d'observer le règlement contenu dans la charte précédente, refuse de l'exécuter.

1er Cart. de Montiérender, f° 60 ; édit. Mabillon, *Ann. Bened.* V, 641 ; D. Bouquet, XIV, 787-788.

15. — Sans date. — Gui, clerc de Brienne-le-château, fait une donation à l'abbaye de Montiérender. Le comte Gautier est témoin.

1er Cart. de Montiérender, f° 80.

16. — 1075 au plus tôt. — Gile, dame de Plancy, fonde le prieuré de l'Abbaye-sous-Plancy et le donne à l'abbaye de Molesme. Approbation de Gautier, comte de Brienne, son suzerain.

1er Cart. de Molesme, f° 25 r° ; édit. Socard. *Mém. de la Soc. académ. de l'Aube*, 3e série, t. I, p. 225-226.

17. — Bar [sur Seine], 1075 au plus tôt. — Gautier, comte de Brienne, avec le consentement de sa femme, d'Engelbert, son fils, et de ses autres fils et filles, donne à l'abbaye de Molesme ses droits sur l'église de Merrey (Aube).

Edit. Socard, *Mém. de la Soc. académ. de l'Aube*, 3e série, t. I, p. 227, d'après le premier Cart. de Molesme, f° 27 v° 28 r°.

18. — 1075 au plus tôt. — Gosbert de Bar donne à l'abbaye de Molesme, avec l'approbation de Gautier, comte de Brienne, d'Airard et de Milon, fils de ce dernier, ses droits sur l'église d'Essoyes.

Edit. Socard, *Mém. de la Soc. académ. de l'Aube*, 3e série, t. I, p. 226, d'après le 1er Cart. de Molesme, f° 30 v°.

19. — 1085-1089. — Renaud de Bar et Jean *de Larriaco* donnent à l'abbaye de Molesme une terre à Séchefontaine (commune d'Avirey-Lingey, Aube). Cette donation est approuvée par Gautier, comte de Brienne et de Bar-sur-Seine (*Walterio, comite Brenensi et Barrensi*). La chapelle bâtie en ce lieu par Pierre et Lambert, disciples de saint Bruno, est bénie par Robert, évêque de Langres (1085-1110), en présence du dit comte Gautier. (Cette charte ne peut guère être postérieure à l'année 1089 ou à l'année 1090 puisque Thibaut Ier, comte de Champagne, mort en 1089 ou 1090, donna l'investiture du comté de Brienne à Airard, fils de Gautier. Voir plus bas, n° 31).

Edit. Socard, *Mém. de la Soc. académ. de l'Aube*, 3e série, t. I, p. 228-229, d'après le Ier Cart. de Molesme, f° 38 v° ; cf. *Gall. Christ. nov.*, t. IV, col. 567 B.

Section 4e. — ERARD Ier.

20. — Vers 1097. — Charte de Roger, abbé de Montiérender (1097-1127), constatant qu'Airard, comte de Brienne, partant pour la Terre-Sainte (voir plus loin, n° 36), passe à Troyes, et rend à l'abbaye de Montiérender, par la main de Philippe, évêque

de Troyes (1083-1121), l'église de Ceffonds (Haute-Marne) qu'il détenait injustement.

Ier Cart. de Montiérender, f° 108 r° v°.

21. — Vers 1097. — Hugues de Merrey donne à l'abbaye de Molesme son aleu de Rosnay, et reçoit de cette abbaye seize livres. Il réserve à lui et à son frère faculté de rentrer dans ce bien si l'un ou l'autre revient de Jérusalem et rend les seize livres. Parmi les témoins, Airard, comte de Brienne.

Edit. Socard, *Mém. de la Soc. acad. de l'Aube*, 3e série, t. I, p. 233, d'après le premier Cartulaire de Molesme, f° 58 r°.

22. — Au plus tard 1101. — Airard, comte de Brienne, fait savoir que son père a donné en mourant aux moines de Molesme divers biens, entre autres une partie des dîmes du village de Molesme et l'église d'Essoyes (Aube). Il leur donne lui-même droit d'envoyer leur bétail dans tous ses pâturages. Milon, son frère, encore enfant, ne fut pas présent à cette donation. Peu après, devenu comte [de Bar-sur-Seine], il l'approuva.

Edit. Socard, *Mém. de la Soc. académ. de l'Aube*, 3e série, t. I, p. 239, d'après le premier Cartulaire de Molesme, f° 34 r°.

23. — Bar-sur-Aube 1101 (*Barro, anno ab incarnatione Domini 1101*). — Charte d'Hugues, comte de Champagne, pour l'abbaye de Saint-Claude. Parmi les témoins : Hérard, comte de Brienne, et Milon, son frère.

Edit. Blampignon, *Hist. de sainte Germaine*, p. 202 ; Chifflet, *Sancti Bernardi genus*, p. 537.

24. — Sens, 1101 (*apud Senonas, anno incarnati Verbi millesimo centesimo primo, indictione nona, epacta octava decima, concurrente vero ciclo lunari sexto decimo*). — Robert, évêque de Langres, confirme la cession de l'église de Pouilly près Molesme faite à l'abbaye de Molesme par l'abbé et les moines de Saint-Pierre-le-Vif de Sens, en présence de plusieurs témoins, parmi lesquels Milon, comte de Bar-sur-Seine.

Edit. *Gall. Christ. nova*, IV, *instr.*, col. 150, d'après l'original.

25. — Langres, 17 août 1103 (*Lingonis in capitulo nostro publico, in festivitate sancti Mammetis, Paschali Romano pontifice presidente, Philippo rege Francorum regnante, anno ab incarnatione Domini millesimo centesimo tertio, indictione undecima, ciclo lunari XVIII*). — Robert, évêque de Langres, confirme les biens de l'abbaye de Molesme en pré-

sence d'Airard, comte de Brienne, de Milon, comte de Bar-sur-Seine, et de Milon, seigneur de Chassenay. Airard donne à l'abbaye droit d'usage dans ses forêts.

Edit. *Gall. Christ. nova,* IV, *instr.*, col. 151-152.

26. — Molesme, après le 2 avril 1104. — Hugues, comte de Champagne, après avoir, au concile de Troyes (V *nonas aprilis, anno ab incarnatione Domini* 1104, *indictione* XII, *epacta* XXII, *concurrente* V), donné à l'abbaye de Molesme la terre de Rumilly, en se réservant l'usufruit de moitié, fait abandon de cet usufruit. Parmi les témoins : Milon, comte de Bar-sur-Seine, Airard, comte de Brienne.

Edit. d'Achery, *Spicilége*, IV, 239 ; Chifflet, *Sancti Bernardi genus*, p. 509, etc.; cf. Bréquigny, *Table chronologique*, t. II, p. 351.

27. — Châtillon-sur-Seine, 1108 (*apud Castellionem super Sequanam, anno ab incarnatione Domini* 1108). — Hugues, comte de Champagne, donne à l'abbaye de Molesme le sauvement de Rumilly. Parmi les témoins : Airard, comte de Brienne; Milon, comte de Bar-sur-Seine.

Edit. d'Achery, *Spicilége*, IV, 241; Chifflet, *Sancti Bernardi genus,* p. 511; cf. Bréquigny, *Table chronologique,* t. II, p. 396.

28. — 1112 (*anno incarnati Verbi* 1112, *Philippo Trecensi episcopo, Hugone Campaniae comite*). — Airard, par la grâce de Dieu comte de Brienne, donne à l'abbaye de Beaulieu une partie de ce qu'il possède à Jasseines, une partie de la rivière d'Aube, droit d'usage dans ses bois et de pâturage dans tout le comté de Brienne.

Edit. Camuzat, *Auctarium promptuarii*, p. 33-34; extrait Vignier, *Hist. de la maison de Luxembourg*, édit. de 1619, p. 189 et 191 ; cf. *Gall. Christ.*, XII, 614 B.

29. — 1113 (*anno ab incarnatione Domini* 1113). — Airard, comte de Brienne, donne au prieuré de Radonvilliers, avec le consentement de Gautier, son fils, des droits de justice, et le droit d'acquérir dans ses fiefs.

Edit. Socard, *Mém. de la Soc. acad. de l'Aube*, 3ᵉ série, t. I, p. 358-359, d'après le premier Cartulaire de Molesme, fᵒ 94 rᵒ.

30. — Troyes, 1113 (*Trecis in curia, anno ab incarnatione Domini* 1113). — Hugues, comte de Troyes, donne à l'abbaye

de Montiéramey un droit de justice à Daudes, etc. Parmi les témoins : Milon, comte de Bar-sur-Seine : Airard, son frère, comte
de Brienne.

Edit. Chifflet, *Sancti Bernardi genus.* p. 516.

31.—Troyes, 3 mai 1114 (*Trecis, an. 1114, nonarum maia-
rum die quinto*). — Hugues, comte de Champagne, fait savoir
ce qui suit : Airard, fils de Gautier, comte de Brienne, a reçu de
Thibaut, comte de Champagne, père du dit Hugues, l'investiture
du comté de Brienne. Après la mort de Thibaut, Airard, suivant
l'exemple de Gautier, son père, a violé les droits de l'abbaye de
Montiérender. Après une sommation inutile, Hugues a eu recours
aux armes, et par des guerres et des siéges l'a forcé d'abandonner
ses injustes prétentions.

Premier Cartulaire de Montiérender, f⁰ 101 r⁰; collection de
Champagne, t. 135, p. 229.

32. — Troyes 1114 (*Trecis, anno incarnati Verbi*, Mᵒ Cᵒ
XIIIIᵒ). — Charte d'Hugues, comte de Troyes, pour l'abbaye de
Montier-la-Celle. Parmi les témoins : Erard, comte de Brienne.

Edit. *Hist. des Comtes de Champagne,* t. III, p. 415-
417.

33. — Sans date. — Milon, comte de Bar-sur-Seine, donne à
l'abbaye de Molesme son domaine dans le village de *Capella*,
les redevances qu'il levait sur l'église d'Essoyes, etc. Cette donation est approuvée par Matilde, sa femme, Airard, comte, son
frère, et Mantia, sœur de ces deux comtes.

Ed. Socard, *Mém. de la Soc. acad, de l'Aube*, 3ᶜ série, t. I,
p. 261, d'après le premier Cartulaire de Molesme, fᵒ 10 r⁰ ; cf.
Art de vérifier les dates, II, 589, col. 1. L'*Art de vérifier les
dates* et M. Socard datent arbitrairement cette charte de 1115.

34. — Sans date. — Airard, comte de Brienne, avec le con-
sentement d'Eustachie, sa mère, et de Milon, comte de Bar-sur-
Seine, son frère, donne une femme serve à l'abbaye de
Molesme.

Mention *Art de vérifier les dates*, t. II, p. 589, col. 1, d'après
le premier Cartulaire de Molesme, fᵒ 76. (*L'Art de vérifier les
dates* donne arbitrairement à cette charte la date de 1096.)

SECTION 5ᵉ. — GAUTIER II.

35. — Sans date, 1125 au plus tard. — Roger, abbé de

Montiérender, fait savoir les faits suivants : Airard, comte de Brienne, se trouvant à Avenay gravement malade et à toute extrémité, pria Milon, comte de Bar-sur-Seine, son frère, de le faire enterrer à Montiérender et de donner aux moines une rémunération convenable. Airard fut en effet enterré à Montiérender. Milon, comte de Bar-sur-Seine, de l'avis de Gautier, comte de Brienne, son neveu, donna à l'abbaye les coutumes de Droyes. Seings de Milon, comte, et de Gui, son fils.

Premier Cartulaire de Montiérender, f° 106 v° ; cf. Mabillon, *Ann. Benedict.*, V, 564 ; *Gall. Christ.*, IX, 919. (Ces deux ouvrages datent cette charte de 1111, ce qui est inadmissible, puisque Erard vivait encore en 1114).

36. — 24 janvier 1131 (*anno Verbi incarnati* 1131... *anno secundo Philippi, regis, filii Ludovici, nono calendas februarii*). — Charte d'Haton, évêque de Troyes. Erard, comte de Brienne, partant pour Jérusalem (voir plus haut, n° 20), avait cédé les quatre prébendes de l'église de Brienne à Philippe, évêque de Troyes (1083-1121), le priant de les donner à l'abbaye de Montiérender, lieu de sépulture des comtes de Brienne. Sur la demande de Gautier, fils et successeur d'Erard, alors défunt, Hatton donne à l'abbaye de Montiérender les quatre prébendes de Brienne.

Edit. *Voyage paléographique dans le département de l'Aube*, p. 330 ; cf. *Gall. Christ.*, XII, 499. (J'ai à tort daté cette charte de 1132 [nouveau style]. La seconde année de Philippe, fils de Louis VI, commence le 14 avril 1130 et finit le 13 avril 1131. Le rédacteur de cette charte a commencé l'année de l'incarnation le 25 décembre ou le 1er janvier, cf. n° 40.)

37. — 1133 (*anno ab incarnatione Domini* 1133, *Ludorico rege regnante, Attone Trecis episcopante*). — André de Baudement, sénéchal de Champagne, fait aux Templiers une donation qui est approuvée par [Gautier], comte de Brienne, par sa femme et par Gui et Eustache, leurs fils.

Edit. Bourquelot dans la *Bibl. de l'école des chartes*, 4e série, t. IV, p. 185-186.

38. — Piney, 20 juin 1136 (*Pinniacum*, ann. 1136, XII° kal. julii). — Gautier, comte de Brienne et de Ramerupt, donne à l'abbaye de Montiéramey un emplacement sur l'Aube, à Sainte-Thuise, pour y établir un moulin. Les moines de Montiérender paient sept livres que ledit Gautier devait à l'archidiacre Manassès.

Bibl. Nat. Lat. 5433 (Cart. de Montiéramey), f° 173 r° v°: cf. *Gall. Christ.*, XII, 554 D.

39. — Chàlons-sur-Marne, 1138 (*Cathalaunis, anno incarnationis dominice* 1138, *epacta* 7, *concurrente* 4). — Geofroi, évêque de Chàlons, constate que Gautier, comte de Brienne, du consentement d'Humbeline, sa femme, a mis entre ses mains le sixième de la dîme de Maison et Loisy. Sur la prière des dits comte et comtesse, le dit évêque a investi de ce sixième de dîme frère Lambert, gardien des maisons de Chalette et de Brienne, fidèle et miséricordieux proviseur des pauvres qui affluent dans ces maisons.

Cart. de Saint-Loup de Troyes appartenant à Mme de la Porte, f° 22 v°.

40. — 22 janvier 1143 (*anno ab incarnatione Domini* 1143, XI *kalendas februarii, luna* XXII; *Ludovico rege Francorum regnante, presidente quoque venerabili Hatone, Trecensis urbis presule*). — Gautier, comte de Brienne, donne à l'abbaye de Bassefontaine la dîme de ses revenus de Brienne et de Piney, droit d'usage dans ses forêts, etc. Seing de ses fils Airard et André, de Marie, sa fille, de Gui, son frère, etc. (La lune 22 correspond au nombre d'or 3 qui est celui de l'année 1142 : l'année lunaire commençait ordinairement le 1er mars, par conséquent le nombre d'or 3 a dû servir pendant les mois de janvier et février 1143. Voir à ce sujet l'*Art de vérifier les dates*, 3e édition, t. I, p. xxv. Il en résulte que le rédacteur de notre charte a commencé l'année de l'incarnation au 25 décembre ou au 1er janvier. Sur les deux manières de commencer l'année usitées dans les actes des comtes de Champagne au xiie siècle, voir notre *Histoire des comtes de Champagne*, t. II, p. 83, 133, 162; t. III, p. 309.)

Original, archives de l'Aube ; Copie, cartulaire de Bassefontaine, charte n° 1, même dépôt ; édit. Bréquigny, *Table chronologique*, t. III, p. 72. Bréquigny s'est trompé d'un an sur la date de cette pièce, qu'il met en 1143, *vieux style*, c'est-à-dire 1144, suivant notre manière de compter.

41. — 1145, après le 4 mars (*anno incarnati Verbi* 1145, *Eugenii papæ anno primo, regnante in Francia Ludorico*). — Haton, évêque de Troyes, sur la demande d'Anscher, abbé de Bassefontaine, et de Gautier, comte de Brienne, qui se sont en personne rendus près de lui, approuve les donations faites par

le dit Gautier à l'abbaye de Bassefontaine. Approbation d'Airard et d'André, tous deux fils du dit comte, et de Marie, leur sœur.

Cartulaire de Bassefontaine, charte n° 2 ; édit. Bréquigny, *Table Chronol.*, III, 100 ; cf. *Gall. Christ.*, XII, 499 D, et Vignier, *Hist. de la maison de Luxembourg*, édit. de 1619, p. 195, 271.

42. — 1146 (*anno incarnati Verbi* 1146, *Ludovico regnante, Godefrido Lingonis presidente*). — Jacques, seigneur de Chassenay, donne à l'abbaye de Bassefontaine sa part de la dîme de Bligny, par le conseil de Gautier, comte de Brienne, de la mère et de la femme du dit comte, savoir : Agnès de Baudement et A., comtesse de Brienne, dame du dit seigneur de Chassenay.

Original, Archives du château de Brienne ; copie, Cart. de Bassefontaine, charte n° 95.

43. — 1146 (*anno ab incarnatione Domini* 1146). — Charte de Thibaut II, comte de Champagne, pour le prieuré de Ramerupt. Parmi les témoins : Gautier, comte de Brienne.

Original, Arch. de l'Aube ; édit. *Hist. des comtes de Champagne*, t. III, p. 434.

44. — 1145-1147. — Henri, évêque de Troyes (à partir de 1145), constate que Gautier, comte de Brienne, agissant avec le consentement de sa femme et de ses fils, a donné à l'abbaye de Larivour droit d'usage dans ses bois. Parmi les témoins : Gui, comte de Bar-sur-Seine (qui était mort en 1147, *Art de vérifier les dates*, 3ᵉ édit., t. II, p. 590, col. 1).

Arch. de l'Aube, Cart. de Larivour, fᵒ 54 rᵒ, pièce cotée : *De usuario in nemoribus comitis Brene I*.

45. — Brienne, du 8 au 15 juin 1147 (*apud Brenam, pentecostes diebus... anno incarnati Verbi* 1147, *quo nobilitas regni Francorum, una cum suo rege Ludovico nomine, transmarinas adiens partes, inimicos nominis Xpisti agressa est expugnare*). — G., comte de Brienne, la veille de son départ pour Jérusalem, confirme, avec le consentement de sa femme Adelise, de ses fils Erard et André, de sa fille Marie, les donations faites au prieuré de Notre-Dame de Ramerupt par le comte André, son ayeul et prédécesseur. Il y ajoute un droit d'usage dans ses bois.

Orig., Archiv. de l'Aube ; édit. *Bibl. de l'école des chartes*, 5ᵉ série, t. II, p. 457.

46. — Brienne, du 8 au 15 juin 1147 (*anno incarnati Verbi 1147, quo ridelicet anno nobilitas regni Francorum, una cum suo rege Ludovico transmarinas adiens partes, inimicos nominis Xpisti agressa est expugnare... apud Brenam, in diebus pentecostes*). — Erard, comte de Brienne, le jour même où il part pour Jérusalem, avec Erard, son fils, renouvelle, du consentement de sa femme Adelise et de ses fils Erard et André, les dispositions contenues dans la charte précédente. De plus il approuve d'avance les donations que ses vassaux feront à l'avenir au prieuré de Ramerupt.

Original, Arch. de l'Aube.

47. — 1147. — Gautier, comte de Brienne, confirme les libéralités d'Airard, son père, envers l'abbaye de Beaulieu et y ajoute des libéralités nouvelles.

Mention, *Gall. Christ.*, XII, 614 C, 615 A.

48. — Troyes, 1151 (*anno ab incarnatione Domini* 1151). — Thibaut II, comte de Champagne, fait connaître les libéralités de Milon II, comte de Bar-sur-Seine, envers l'abbaye de Larivour pendant la dernière maladie du dit Milon. Parmi les témoins, Gautier, comte de Brienne.

Arch. de l'Aube, cart. de Larivour, f° 94 v° (*De dono episcopi* II^a).

49. — Brienne, 1152 (*Brene, anno incarnati Verbi* 1152). — Gautier, comte de Brienne, approuve plusieurs acquisitions faites par l'abbaye de Beaulieu.

Ed. Vignier, *Histoire de la maison de Luxembourg*, édit. de 1619, p. 191.

50. — Segni, 1er mars 1153 (*Signie, kal. Martii*). — Eugène III, pape, confirme deux donations faites à Baudouin, abbé de Bassefontaine, et à son église. L'une a pour auteur Azealis, comtesse de Brienne, autorisée par son mari, par ses fils et par Gosselin, jadis évêque de Soissons, suzerain des biens dont il s'agit. Les biens donnés sont un moulin *apud Jarconam*, et une église sur la rivière de la Marne. Cette bulle est postérieure à la mort de Gosselin, 24 octobre 1152, et antérieure à celle d'Eugène III, 8 juillet 1153 (Jaffé, *Regesta pontificum romanorum*, p. 652; cet auteur ne mentionne aucune bulle donnée à Segni en 1153).

Cartulaire de Bassefontaine, n° 104.

51. — 1155 au plus tard. — Gautier, comte de Brienne, confirme la concession de droit d'usage faite par Erard, son père,

à l'abbaye de Boulancourt, dans toute sa terre de Brienne.

Mention, Lalore, *Cartulaire de Boulancourt*, p. 23.

52. — Bar-sur-Aube, 1155 *(anno ab incarnatione Domini 1155, Ludovico rege Francorum regnante, Gaufrido Lingonensi episcopo existente, Barrum-super-Albam).* — Charte d'Henri Ier, comte de Champagne, pour l'abbaye de Sept-Fontaines. Parmi les témoins : Gautier, comte de Brienne.

Edit. *Annales præmonstratenses,* t. II, col. CCCCXC.

53. — 1158. — Charte de Gautier, comte de Brienne, pour l'abbaye de Boulancourt.

Mention. Lalore, *Cartulaire de Boulancourt*, p. 25; d'après le Cart. français de Boulancourt, n° 42.

54. — Au plus tard 1161. — Gautier, comte de Brienne, et sa femme Adélaïde rendent au prieuré de Notre-Dame de Ramerupt le droit d'étalage au marché de ce lieu. Le prieuré avait déjà possédé ce droit du temps du comte André. Les moines devront, en quittant le marché, enlever le banc, la corbeille ou tout autre objet semblable qu'ils auront apporté.

Original, arch. de l'Aube, prieuré de Ramerupt.

55. — Au plus tard 1161. — Gautier, comte de Brienne, du consentement de sa femme Adélaïde et de ses fils, donne à l'abbaye de Larivour cent sous de rente sur les coutumes des bois de Piney.

Cartulaire de Larivour, f° 58 v°. Pièce cotée : *De usuario in nemoribus comitis Brene* XV.

56. — Au plus tard 1161. — Gautier, comte de Brienne, du consentement de sa femme Adélaïde et de son fils Erard, donne à l'abbaye de Larivour 40 sous de rente sur les coutumes du bois de Piney, *pro remotione prime fundationis ejusdem ecclesie, situ et nemore.*

Original, archives de l'Aube, fonds de Larivour ; copie, Cart. de Larivour, f° 58 v°, pièce cotée: *De usuario in nemoribus comitis Brene* XVI.

57. — Au plus tard 1161. — Gautier, comte de Brienne, du consentement de sa femme Adélaïde et de ses fils Erard et André, donne à l'abbaye de Larivour ses possessions du Chardonnet entre le chemin de Rachisy et le chemin de Sacey jusqu'au grand bois.

Original, arch. de l'Aube, fonds de Larivour ; copie, cart. de Larivour, f° 48 r°, pièce cotée: *De usuario in nemoribus comitis Brene* XII.

58. — Au plus tard 1161. — Gautier, comte de Brienne, du consentement d'Adélaïde, sa femme, et de ses fils, donne à l'abbaye de Clairvaux une rente de cent sous sur le passage de Brienne. Ces cent sous seront employés à fournir un plat de supplément à chaque moine un jour par an.

Archives de l'Aube, Cartulaire de Clairvaux, p. 73; seconde des pièces cotées : *Elemosine* III.

59. — Au plus tard 1161. — Henri, évêque de Troyes, fait savoir qu'avec le consentement de Gautier, comte de Brienne, et de ses fils, Gautier de Lassicourt et *Ruticus*, vicomte de Rosnay, ont donné à l'abbaye de Bassefontaine la dîme de Neuville, village détruit près de St-Christophe (Aube).

Cartulaire de Bassefontaine, pièce 59.

Section 6. — ERARD II.

60. — 1161 (*anno incarnati Verbi* 1161, *temporibus Ludovici, regis Francie, et Henrici, comitis Campanie*). — Henri, évêque de Troyes, confirme toutes les acquisitions de l'abbaye de Bassefontaine, principalement l'acquisition faite par cette abbaye de la grange de Nuisement, près d'Onjon (Aube), que vient de lui donner Erard, comte de Brienne. Erard et Jean, abbé de Bassefontaine, sont venus en personne demander à l'évêque cette confirmation. Parmi les témoins : Jean, abbé de Beaulieu, frère d'Erard.

Cartulaire de Bassefontaine, pièce 4.

61. — 1162 (*anno ab incarnatione Domini* 1162). — Erard, comte de Brienne, avec l'assentiment d'André, son frère, approuve les donations faites par son père à l'abbaye de Larivour.

Original, Archives de l'Aube, fonds de Larivour; copie, Cart. de Larivour, f° 54 r°, pièce cotée : *De usuario in nemoribus comitis Brene* II.

62. — 1163 (*anno incarnati Verbi* 1163). — Airard, comte de Brienne, fait connaître les termes d'une transaction entre l'abbaye de Bassefontaine et Pierre *de Novo Maisnil*. Parmi les témoins : Jean, abbé de Beaulieu.

Cart. de Bassefontaine, pièce 78.

63. — Prieuré de St-Quentin de Troyes, 1ᵉʳ juillet 1164 (*anno ab incarnatione Domini* 1164, *in domo Sancti Quin-*

tini Trecensis, kalendis julii). — Jean, prieur de Radonvilliers,
vend à l'abbaye de Bassefontaine une rente de six setiers de blé
et un droit d'usage que son prieuré avait dans une forêt de l'abbaye. Parmi les témoins : Jean, abbé de Beaulieu, Erard, comte
de Brienne, et André, son frère.

Cart. de Bassefontaine, pièce 48.

64. — 1166 (*anno Verbi incarnati* 1166). — Henri, évêque
de Troyes, constate que Boson, fils de Boson de Thil, a donné à
l'abbaye de Larivour ses droits sur la dîme *Vallis Secure.* Parmi
les témoins : Erard, comte de Brienne, et André, son frère.

Cart. de Larivour, f° 64 r°, pièce cotée : *Vallis Secure, Car-
dineti et Rivorum* IIII.

65. — 1166 (*anno incarnati Verbi* 1166). — E., comte de
Brienne, fait savoir qu'en présence de sa mère et de Jean, abbé
de Beaulieu, son frère, une contestation entre Jean, abbé de
Bassefontaine, et G., fils d'Herbert le Franc, s'est terminée par
un arrangement.

Cart. de Bassefontaine, pièce 13.

66. — 1166 (*anno incarnati Verbi* 1166). — Robert de
Mathaux et Pierre de Pougy donnent à l'abbaye de Bassefontaine droit d'usage dans leurs bois. Une des filles de Robert de
Mathaux sera reçue dans l'abbaye. La donation faite par Robert
de Mathaux est approuvée par Airald, comte de Brienne, suzerain du dit Robert.

Cart. de Bassefontaine, pièce 14.

67. — 1166? (*anno* 1156). — Charte d'Airard, comte de
Brienne, pour l'abbaye de Beaulieu, en présence de sa mère, de
Jean, abbé de Beaulieu, son frère, avec le consentement d'Agnès,
sa femme, et d'André, son frère. Cette charte est postérieure à
1156; car Jean de Brienne ne devint abbé de Beaulieu qu'en
1157 (*Gall. Christ.*, XII, 615 B), et Gautier II, comte de Brienne, vivait encore en 1158 (voir plus haut n° 53).

Extrait Vignier, *Hist. de la maison de Luxembourg*, 1619,
p. 195.

68. — 1166 (sans date). — Robert de Mathaux donne à l'abbaye de Bassefontaine droit d'usage dans ses bois. Une de ses
filles, âgée de moins de quinze ans, sera reçue dans l'abbaye.
Approbation d'Airald, comte de Brienne, suzerain du dit Robert.
Parmi les témoins : Airald, comte de Brienne, Eustache et André, ses frères.

Cart. de Bassefontaine, pièce 15.

69. — 1166 (*anno incarnati Verbi* 1166, *temporibus Ludovici, [regis] Francie; et Henrici, episcopi Trecensis; et Henrici, comitis Campaniae*). — Erard, comte de Brienne, avec le consentement d'Agnès, sa femme, et d'André, frère du dit Erard, confirme les donations de son père à l'abbaye de Bassefontaine, abandonne la redevance annuelle de douze muids de grain que l'abbaye lui devait sur la grange de Nuisement, reprend en échange les redevances que l'abbaye possédait sur Brienne et Piney, et reçoit de l'abbaye quittance de ce qu'il lui devait; il autorise le transfert facultatif de l'abbaye *ad Maisnillum*, après le décès de sa mère, ou du vivant de sa mère si celle-ci y consent. Parmi les témoins : sa mère et Jean, abbé de Beaulieu, frère du dit Erard.

Cart. de Bassefontaine, pièce 3.

70. — 1166 au plus tard (sans date). — Erard, comte de Brienne, confirme le testament d'A., dame de Venisy, sa mère, qui a laissé à l'hôtel-Dieu du Chêne une rente sur la dîme de Dosnon, et diverses redevances aux églises de Notre-Dame et de Saint-Martin de Ramerupt, à l'hôtel-Dieu et à la léproserie du dit lieu, au curé et à la chapelle de Nogent-sur-Aube, aux églises de Prusly, Florigny, Séant (auj. Bérulles) et Saint-Pierre de Venisy, et aux lépreux de Venisy.

Original, archives de la Marne, fonds de Saint-Remi de Reims (communication de M. Vétault, archiviste).

71. — 1172 (*anno ab incarnatione Domini nostri Jhesu Xpisti* 1172, *Ludovico regnante*).— Airard, par la miséricorde de Dieu, comte de Brienne, fait savoir qu'Ansculfe de Thil a donné à l'abbaye de Montier-la-Celle ses droits sur la dîme d'Auzon (Aube). Il se porte garant que cette donation sera exécutée.

Original, Archives de l'Aube, fonds de Montier-la-Celle.

72. — 1172. — Charte de donation par Girard (lisez Airard), comte de Brienne, pour l'abbaye de Montiéramey.

Mention, *Gall. Christ.*, XII, 501 C, 555 C.

73. — 1173 (*anno ab incarnatione Domini* 1173). — Hérard, par la grâce de Dieu comte de Brienne, approuve et garantit la donation faite à l'abbaye de Larivour par Erlebaud de Vaubercey et Gile, sa femme, de ce qu'ils avaient entre la Morge et leur forêt. Parmi les témoins : André, frère du comte.

Original, Arch. de l'Aube, fonds de Larivour ; copie, Cart. de Larivour, pièce cotée *de Bellomonte* IIII^a.

74. — 1176 (*anno incarnati Verbi* 1176). — Hérard, comte de Brienne, fait savoir que Boson de Thil et Ansculfe, frère du dit Boson, ont abandonné à l'abbaye de Larivour leur prétention à un droit d'usage dans la forêt du Chardonnet et ce qu'ils possédaient à Laubressel et à Champigny. En compensation, l'abbaye assure à Boson de Thil une rente perpétuelle de deux muids de blé, moitié froment, moitié avoine. Hérard, comme suzerain, approuve cette convention.

Cart. de Larivour, f° 82-83, pièce cotée *de Campiniaco* III^a.

75. — 1176 (*anno Domini* 1176). — Mathieu, évêque de Troyes, fait savoir que Nivelon de Ramerupt a donné à l'abbaye de Larivour un muid de grain de rente sur le moulin d'Aunay. Parmi les témoins : Erard, comte de Brienne, et André, son frère.

Cart. de Bassefontaine, pièce 70.

76. — Brienne, 1177 (*in aula Brenensi anno ab incarnatione Domini nostri Jhesu Xpisti* 1177). — Airard, par la patience de Dieu comte de Brienne, donne à l'abbaye de Saint-Loup de Troyes le four banal de Sacey (Aube), six manses et demi au même lieu, le droit d'usage dans la forêt *Bateith* pour les prieurés de Molins et d'Auzon et pour les habitants de Molins. Cette cession est approuvée par Agnès, femme d'Erard, par Gautier, Guillaume et André, enfants d'Erard. En échange, l'abbaye donne à Erard le bois de Brévonnelle. Parmi les témoins : André, frère d'Erard ; Gilon, pédagogue de Gautier, fils d'Erard.

Original, archives de l'Aube, fonds de Saint-Loup ; copie, Cartulaire de Saint-Loup de Troyes appartenant à Mme de la Porte, f° 46-47.

77. — 1177. — Erard, comte de Brienne, donne à l'abbaye de Saint-Loup deux sous de cens sur un manse à Sacey et reçoit en échange deux sous de cens que l'abbaye avait à Lusigny.

Cartulaire de Saint-Loup appartenant à Mme de la Porte, f° 48 v°.

78. — Besançon, 1178 (*apud Bisuntinum, anno dominicæ incarnationis* 1178, *indictione undecima, vigesimo secundo* (sic) *kalendas octobris*). — Henri, comte de Bar-le-Duc, fait

hommage à Frédéric Barberousse, empereur, et à sa femme Béatrix, comtesse de Bourgogne et impératrice. Parmi les témoins : Girard (lisez Airard), comte de Brienne [1].

Ed. Perard, *Rec. de pièces*, p. 253-254.

79. — Abbaye de Saint-Martin-ès-Aires de Troyes, 1179 (*Trecis in domo Sancti Martini anno Verbi incarnati* 1179). — Erard, comte de Brienne, confirme la concession de droits d'usage faits à l'abbaye de Saint-Martin-ès-Aires par son père Gautier.

Original, Arch. de l'Aube, fonds de St-Martin-ès-Aires ; cf. *Gall. Christ.*, XII, 581 D.

80. — 1179 (*anno incarnati Verbi* 1179). — Arrard (*sic*), comte de Brienne, donne à l'Hôtel-Dieu de Chalette droit d'usage dans ses bois.

Extrait d'une confirmation donnée le 29 juillet 1454 par Englebert d'Enghuien ; Arch. de l'Aube, fonds de Saint-Loup de Troyes.

81. — 1181. — Erard, par la grâce de Dieu comte de Brienne, cède à titre d'échange à l'Hôtel-Dieu de Chalette sa terre et ses prés *de Berronella*. Consentement de sa femme et de ses fils Gautier et Guillaume.

Cart. de St-Loup de Troyes appartenant à Mme de la Porte, f° 47 r°.

82. — Bar-sur-Aube, 1182. — Charte de Marie, comtesse de Champagne, pour l'abbaye de St-Remi de Reims. Parmi les témoins : Erard, comte de Brienne, et André, son frère.

Bibliothèque de la ville de Reims, 3e cartulaire de St-Remi, f° 21 r°.

83. — 1182 (*anno* 1182). — Charte de Simon, seigneur de Beaufort, pour l'abbaye de la Chapelle-aux-Planches. Parmi les témoins : Jean, abbé de Beaulieu ; Erard, comte de Brienne.

Edit. A. Duchesne, *Hist. de la maison de Broyes et de Châteaurillain*, Preuves, p. 21.

---

1. Hujus rei sunt testes : Guillelmus, archiepiscopus Remensis; Heinricus, Trecensis palatinus comes ; Hugo, *dux Burgundiae*, *Hugo, dominus Brecarum*; Simon de *Commarii*, Girardus, comes Brenae; Girardus de Rinello, Simon de *Belfort*, Bartholomeus de Vangionis Rivo, Gaufridus et Ysembardus de Minilio, Balduinus de Barro, Gaufridus de *Vienne*, Burkardus praefectus Magdeburgensis, Ruodulfus, comes de Phullendorf, Otto comes de Kerpro, Ludovicus comes de Pheretis, Eberhardus comes Zeringsen, et alii quam plures.

84. — Troyes, 1184 (*Trecis, anno incarnati Verbi* 1184).
— Hérard, comte de Brienne, reconnaît que l'abbaye de Montier-la-Celle est propriétaire du bois *des Broces* sur Montois. Toutefois le comte de Brienne a la garde et la justice de ce bois.

Arch. de l'Aube, Inventaire de Montier-la-Celle, t. I, f° 45 r°, d'après le cartulaire en parchemin, fol. 21 et 123 ; cf. *Gall. Christ.*, t. XII, col. 544 E.

85. — 1184 (*anno incarnati Verbi* 1184). — Airard, par la miséricorde de Dieu comte de Brienne, contraint par les nécessités de la guerre, a pris, pour approvisionner son château, des vivres dans les granges de Molins et d'Auzon appartenant à l'abbaye de Saint-Loup. En réparation, et du consentement de ses fils Gautier et Guillaume, il abandonne à l'abbaye son droit de gîte au prieuré de Molins. De plus, il décide que sur ses terres les habitants de Molins paieront les droits de péage d'après le même tarif que les habitants de Brienne. Parmi les témoins : André, frère du comte de Brienne ; Gilon, pédadogue de Gautier, fils du dit comte.

Original, Archives de l'Aube, fonds de Saint-Loup ; copie, Cart. de St-Loup, f° 54 r°.

86. — Avant le 6 août 1185. — Enquête par Michel, doyen de Meaux, sur le droit d'usage possédé par l'abbaye de Larivour dans les forêts du comte de Brienne.

Original, archives du château de Brienne ; copie, Cart. de Larivour, f° 55 r°, pièce cotée : *De usuario in nemoribus comitis Brene* VI.

87. — Paris, 6 août 1185 (*Parisius, anno Verbi incarnati* 1185, *mense Augusto, sexta die ejusdem mensis*). — Michel, doyen de Meaux, juge délégué par le pape, maintient l'abbaye de Larivour dans le droit d'usage et de pâturage dont sont grevées à son profit les forêts du comte de Brienne.

Original, archives du château de Brienne ; copie, Cart. de Larivour, f° 54 v°-55 r°, pièce cotée : *De usuario in nemoribus comitis Brene* V.

88. — Vérone, 8 septembre 1185 (*Veron. VI idus septembris*). — Le pape Luce III rappelle que, vu la dureté et la malignité du comte de Brienne envers l'abbaye de Larivour, il a délégué comme juge entre ces deux parties Michel, doyen de Meaux, sur la question du droit d'usage contesté par le comte. Il confirme la sentence dudit doyen de Meaux.

Original, arch. du château de Brienne.

89. — 1185 (*anno incarnati Verbi* 1185). — Erard, comte de Brienne, approuve comme suzerain la donation à l'abbaye de Bassefontaine, par Gautier de Longsols, d'une partie des dîmes de Saint-Nabord (Aube), et de Mesnil-la-Comtesse. Parmi les témoins : Jean, abbé de Beaulieu, frère du dit comte.

Cart. de Bassefontaine, pièce 73.

90. — 1185 (*anno incarnati Verbi* 1185). — Erard, comte de Brienne, confirme la donation faite à l'abbaye de Bassefontaine par Gautier de Longsols et Gilon de Pougy, d'une partie des dîmes de Saint-Nabord et de Mesnil-la-Comtesse.

Original, Arch. de l'Aube ; copie, Cart. de Bassefontaine, pièce 74.

91. — 1185 (*anno* 1185). — Charte d'Erard, comte de Brienne, avec le consentement d'Agnès, sa femme, de Gautier et de Guillaume, ses fils.

Extrait, Vignier, Hist. de la maison de Luxembourg, 1619, p. 207.

92. — 1185 (*anno incarnati Verbi* 1185). — Erard, comte de Brienne, avec le consentement de sa femme Agnès et de son fils Gautier, cède à l'abbaye de Bassefontaine sa vigne *de Bertrimonte* et des biens à Bassefontaine et à *Mainol ;* il reçoit en échange une partie des possessions de l'abbaye à Pressy. Parmi les témoins : Jean, abbé de Beaulieu, son frère.

Original, arch. du château de Brienne ; copie Cart. de Bassefontaine, pièce 6 ; édit. Camuzat, *Promptuarium,* f° 365 r° v°; cf. *Gall. Christ.*, XII, 618 C.

93. — 1186 (*anno incarnati Verbi* 1186). — Erard, comte de Brienne, avec l'assentiment d'Agnès, sa femme, et de Gautier et de Guillaume, ses fils, cède à l'abbaye de Bassefontaine les biens qu'il avait acquis à Pressy en vertu de l'échange précédent. L'abbaye fournira dans toutes les églises du comté de Brienne les hosties nécessaires à la célébration de la messe. Parmi les témoins : Jean, abbé de Beaulieu, et André, frères du comte.

Original, arch. du château de Brienne ; copie, Cartulaire de Bassefontaine, pièce 7.

94. — Auzon, mai 1186 (*apud Ausonam, anno incarnati Verbi* 1186, *mense maio*). — Erard, par la grâce de Dieu comte de Brienne, approuve les donations faites à l'abbaye de

Saint-Loup de Troyes par Renaud le Vieux. Ces donations con-
cernent des biens à Auzon et à Montaugon.

Original, Archives de l'Aube, fonds de Saint-Loup.

95. — Brienne 1186 (*Brene, anno incarnati Verbi* 1186).
— Erard, comte de Brienne, déclare que les bois de son comté,
sur lesquels l'abbaye de Larivour a droit d'usage, sont les bois
situés entre l'Aube et la Barse. Approbation de Gautier et de
Guillaume, ses fils, d'André de Ramerupt, son frère. Parmi les
témoins : Jean, son frère, abbé de Beaulieu.

Archives de l'Aube, fonds de Larivour, extrait d'un vidimus
original émané de Gautier III, comte de Brienne, en mai 1230 ;
Cartulaire de Larivour, f° 54 r° v°.

96. — Juin 1188. — Erard, comte de Brienne, constate que
Gui, chevalier du Mesnil, a admodié à l'abbaye de St-Loup de
Troyes, avec l'approbation d'Eudes de Vendeuvre, son suzerain,
sa part des dîmes de Lusigny.

Cart. de St-Loup de Troyes appartenant à Mme de la Porte,
f° 47 v°.

97. — Troyes 1188 (*Trecis, anno incarnati Verbi* 1188).
— Charte de Manassès, évêque de Troyes, pour l'abbaye de Larivour. Parmi les témoins : Erard, comte de Brienne.

Cart. de Larivour, f° 122 v°, pièce cotée : *De Teneleriis et
his que Trecis possidemus*, V.

98. — 1189 (*anno incarnati Verbi* 1189). – Erard, comte
de Brienne, déclare qu'en sa présence et en présence de toute sa
cour, à Brienne, Gui *de Novo Masnillo,* Jean et Reynaud,
frères du dit Gui, ont approuvé les donations de leurs ancêtres à
l'abbaye de Bassefontaine. Règlement des contestations qui
avaient surgi à l'occasion de ces donations. Parmi les témoins :
Jean, abbé de Beaulieu, frère du comte.

Cart. de Bassefontaine, pièce 79.

99. — 1189 (*anno ab incarnatione Domini* 1189). — Erard,
comte de Brienne, constate une donation que fait à l'abbaye de
Bassefontaine Simon de Villevoque (Aube). Erard, avec l'approbation de ses fils G. et G., *prend cette donation dans sa
main.* Fait en présence de Jean, abbé de Beaulieu, frère
d'Erard.

Original, arch. de l'Aube ; copie, Cart. de Bassefontaine, pièce
23 ; extrait Vignier, *Hist. de la maison de Luxembourg,*
1619. p. 207.

100. — 1189 (*anno incarnati Verbi* 1189). — Airard, par la patience de Dieu comte de Brienne, sur le point de partir pour Jérusalem, reprend le four de Sacey qu'il avait donné à l'abbaye de Saint-Loup pour 20 sous de rente, et assure à cette abbaye cette rente sur ses revenus de Piney, Sacey et Rouilly.

Original, archives de l'Aube, fonds de Saint-Loup ; copie, Cartulaire de Saint-Loup, appartenant à Mme de la Porte, p. 47-48.

101. — 1189 au plus tard. — Erard, comte de Brienne, fait savoir que Bovon de *Duingun* a donné à l'abbaye de Bassefontaine, avec l'approbation de Rainaud Crocant, son suzerain, sa part des dîmes de Saint-Nabord et de Mesnil-la-Comtesse.

Original, arch. de l'Aube, fonds de St-Loup ; copie, Cart. de Bassefontaine, pièce 71.

102. — 1189 au plus tard. — Erard, comte de Brienne, rappelle que, du temps de Gautier, père dudit Erard, Rainaud Crocant engagea sa part des dîmes de Saint-Nabord et Mesnil-la-Comtesse à l'abbaye de Bassefontaine pour 27 livres. Gautier, comme suzerain, approuva cet engagement. Du temps d'Erard, l'abbaye de Bassefontaine a ajouté 60 livres à la somme prêtée.

Original, arch. de l'Aube, fonds de Saint-Loup ; copie, Cart. de Bassefontaine, pièce 72.

Section 7. — GAUTIER III.

103. — 1192 (*anno incarnationis Domini* 1192). — Gautier, comte de Brienne, donne à Raoul de l'Étape la terre et le cens qu'il avait à Radonvilliers.

Edit. Socard, *Mém. de la Soc. Acad. de l'Aube*, 3e série, t. I, p. 286 ; d'après le 2e cart. de Molesme, fo 94 ro.

104. — 1192. — Gautier, comte de Brienne, et ses frères Guillaume et Jean approuvent la vente de Taillebois à l'abbaye de Boulancourt, par l'abbaye de Beaulieu.

Mention : Lalore, *Cartulaire de l'abbaye de Boulancourt*, p. 55, d'après le Cartulaire français de Boulancourt, pièce 129.

105. — 1193 (*anno incarnationis Domini* 1193). — Gautier, comte de Brienne, fait savoir que Winger de Sacey a donné à l'abbaye de Larivour ses droits sur le pré *de Lescheriis*.

Arch. de l'Aube, Cart. de Larivour, fo 66 ro ; pièce cotée : *Vallis Secure, Cardineli et Ricorum* XVII.

106.— Troyes, avril 1195 (*Trecis, anno incarnationis Domini 1195, mense aprili*). — Gautier, comte de Brienne, confirme à l'abbaye de Larivour le droit d'usage qu'elle possède dans les bois du comté de Brienne entre l'Aube et la Barse. Approbation de ses frères Guillaume et Jean.

Original, arch. de l'Aube, fonds de Larivour ; copie, Cart. de Larivour, f° 55 r° v°, pièce cotée : *De usuario in nemoribus comitis Brene* VII.

107. — 1196 (*anno incarnati Verbi 1196*). — Gautier, comte de Brienne, approuve comme suzerain : 1° la donation par Ansculfe de Thil et les frères du dit Ansculfe à l'abbaye de Clairvaux du droit de pâturage sur tout le territoire de Thil ; 2° l'acensement par les mêmes à la même abbaye du lieu dit *Torreimons* dans la direction de Maisons.

Bibliothèque de la ville de Troyes, ms. 703, p. 327 (Cart. de Clairvaux, pièce cotée : *Belinfay* XXII).

108. — Melun, avril 1198 (*Meleduni, anno 1198, mense aprili*). — Philippe-Auguste fait savoir que Thibaut, comte de Champagne, lui a fait hommage. Parmi les cautions de Thibaut : Guillaume de Brienne.

Delisle, *Catalogue des actes de Philippe-Auguste*, n° 533.

109. — 1198 (*anno Verbi incarnati 1198*). — Charte de Thibaut, comte de Champagne. Témoins : Gaucher de Châtillon, Gautier, comte de Brienne ; Guillaume et Jean, frères du dit Gautier ; Geofroi, maréchal.

Extrait : Vignier, *Hist. de la maison de Luxembourg*, p. 207.

110. — Troyes, décembre 1199. — Gautier, comte de Brienne, autorise Clarembaud de Chappes à vendre à l'abbaye de Larivour ou à d'autres, s'il veut, trois ou quatre cents arpents du bois du dit Clarembaud à Dosches.

Original, arch. de l'Aube, fonds de Larivour ; copie, Cart. de Larivour, f° 16 r°, pièce cotée : *De Fonteneri* XX.

111. — Février 1200 (*anno incarnati Verbi 1199, mense februario*). — Gautier, comte de Brienne, cède à Thibaut III, comte de Champagne, les mouvances de Trannes, Jessains, Onjon et Pel-en-Der, en échange de celle de Villeloup que Thibaut l'a autorisé à vendre.

Catal. des actes des comtes de Champagne, n° 498 ; extrait : Vignier. *Hist. de la maison de Luxembourg*, 1619, p. 213.

112. — Du 18 avril 1199 au 8 avril 1200 (*ab incarnatione Domini anno* 1199). — Gautier, comte de Brienne, déclare que le droit d'usage de l'abbaye de Larivour dans ses bois comprend le gland et la faine.

Original, archives du château de Brienne; copies : vidimus de l'année 1230 aux archives de l'Aube : Cart. de Larivour, f° 56 r°, pièce cotée : *De usuario in nemoribus comitis Brene* VIII.

113. — Du 18 avril 1199 au 8 avril 1200 (*anno gratie* 1199). — Gautier, comte de Brienne, avec l'assentiment d'Alvire, illustre comtesse, sa femme, approuve comme suzerain les acquisitions à venir de l'abbaye de Clairvaux en prés et pâtures à Trémilly et Nogent, en bois et prés à Thil, Beurville et Saulcy.

Bibliothèque de la ville de Troyes, ms. 703, p. 327 (Cart. de Clairvaux), pièce cotée Belinfay XXIII.

114. — Du 18 avril 1199 au 8 avril 1200 (*anno incarnati Verbi* 1199). — Gautier, comte de Brienne, donne à l'abbaye de Molesme un bien à Radonvilliers, et autorise cette abbaye à acquérir les propriétés que Raoul de l'Etape, son sergent (*famulus*), possède au même lieu.

Edit. Socard, *Mém. de la Soc. Acad. de l'Aube*, 3° série, t. I, p. 289, d'après le 2° cart. de Molesme, f° 94 v°.

115. — Du 18 avril 1199 au 8 avril 1200 (*anno incarnati Verbi* 1199). — Jean de Brienne approuve la charte précédente de Gautier, comte de Brienne, son frère.

Edit. Socard, *Mém. de la Soc. Académ. de l'Aube*, 3° série, t. I, p. 290, d'après le 2° cart. de Molesme, f° 94 v°.

116. — Du 18 avril 1199 au 8 avril 1200 (*anno Verbi incarnati* 1199). — Gautier, comte de Brienne, donne à la maison des pauvres située près du village du Chêne, droit d'usage pour le chauffage des pauvres dans le bois *Batei*. Parmi les témoins, Guillaume, son chapelain ; Nicolas, chapelain de sa mère.

Original, archives de la Marne, fonds de Saint-Remi de Reims communication de M. Vétault, archiviste.

117. — Du 18 avril 1199 au 8 avril 1200 (*anno incarnati Verbi* 1199). — Gautier, comte de de Brienne, dote la chapelle, fondée par Erard, son père, à Brévonne.

Original, archives de la Marne, fonds de Saint-Remi de Reims, communication de M. Vétault.

118. — 1200 (sans date). — Lettre de recommandation pour

Gautier, comte de Brienne, adressée par Innocent III à Gautier, chancelier du royaume de Sicile.

Innocentii III papæ Gesta, § XXV ; dans Migne, *Patrologie latine,* t. 214, p. XLVII-XLIX.

119. — Troyes, mars 1201 (*Trecis, anno Domini* 1200, *mense martio*). — Jean de Brienne a cédé Herbisse à Thibaut III, comte de Champagne, qui lui a donné en échange des biens à Mâcon (Aube), Onjon, Luyères, Avant, Longsols, Rouilly, plus 780 livres de soulte. Jean a prêté ces 780 livres à son frère Gautier, comte de Brienne, qui lui a engagé ses biens entre la Seine et l'Aube. Jean garantit au comte la propriété d'Herbisse contre les héritiers de Guillaume de Brienne, alors défunt.

Catalogue des actes des comtes de Champagne, n° 536 ; Extrait : Vignier, *Hist. de la maison de Luxembourg,* 1619, p. 207.

120. — Du 9 avril 1200 au 24 mars 1201 (*anno gratie* 1200). — Gautier, comte de Brienne, autorise les moines de Larivour à construire chaque année, dans les bois de son comté où ils ont droit d'usage, une loge longue de trente toises et large de vingt pour abriter leurs pâtres et leurs porcs.

Original, Archives du château de Brienne ; copie, Cart. de Larivour, f° 58 r°, pièce cotée : *De usuario in nemoribus comitis Brene.*

121. — Du 9 avril 1200 au 24 mars 1201 (*anno incarnati Verbi* 1200). — Gautier donne à l'Hôtel-Dieu du Chêne la chapelle fondée à Brévonne, par Erard, son père.

Original, archives de la Marne, fonds de Saint-Remi, communication de M. Vétault, archiviste.

122. — Troyes, avril 1201 (*Trecis, anno incarnationis dominice* 1201, *mense aprili*). — Gautier, comte de Brienne, cède à l'abbaye de Saint-Loup de Troyes les droits de garde, de gîte et de justice qu'il avait dans le village de Molins. Il reçoit de l'abbaye cent livres de Provins.

Original, arch. de l'Aube, fonds de Saint-Loup ; copie, Cart. de Saint-Loup, f° 48-49 (cf. *Catal. des actes des comtes de Champagne,* n° 543).

123. — Troyes, avril 1201 (*Trecis, anno incarnationis dominice* 1201, *mense aprili*). — Jean, frère de Gautier, comte de Brienne, approuve l'acte qui précède.

Cart. de Saint-Loup, f° 49 ; édit., *Mémoires lus à la Sorbonne*, 1867, *Histoire*, p. 243-244.

124. — Sézanne, avril 1201 (*apud Sezanniam, anno Domini 1201, mense aprili*). — Gautier, comte de Brienne, engage toute sa terre pour 700 livres à Thibaut III, comte de Champagne.

Catalogue des actes des comtes de Champagne, n° 542.

125. — Latran, 3 juillet 1201 (*Laterani, V° nonas julii, [pontificatus anno quarto]*). — Lettre de recommandation pour Gautier, comte de Brienne, adressée par Innocent III à Frédéric, roi de Sicile.

Innocentii III papæ Gesta, n° xxxiii, dans Huillard-Bréholles, *Hist. diplom. Frederici II*, t. I, p. 80-85 ; Migne, *Patrologia latina*, t. 214, p. lvii-lxi.

126.— Latran, 15 mai 1202 (*Laterani, idibus maii, pontificatus nostri anno V*). — Innocent III annonce aux habitants de la Sicile qu'après la victoire remportée par Gautier, comte de Brienne, il envoie en Sicile le cardinal Rofrido et le maréchal Jacques, auxquels il les invite à donner assistance.

Innocentii III papæ regest. lib. V, n° 38, dans Huillard-Bréholles, *Hist. diplom. Frederici II*, t. I, p. 88; Migne, *Patrologia latina*, t. 214, col. 993.

127. —Latran, 15 mai 1202 (*Laterani, idibus maii, [pontificatus nostri anno V]*). — Innocent III invite l'évêque élu de Palerme à venir en aide à Gautier, comte de Brienne.

Innocentii III papæ regest. lib. V, n° 39, dans Migne, *Patrologia latina*, t. 214, col. 996; mention, Huillard-Bréholles, *Hist. dipl. Frederici II*, t. I, p. 90.

128. — Velletri, 14 septembre 1202 (*Velletri, XVIII kalendas octobris, [pontificatus anno V]*). — Innocent III invite Gautier, comte de Brienne, à passer en Sicile.

Innocentii III papæ regest. lib. V, n° 84, dans Huillard-Bréholles, *Hist. diplom. Frederici II*, t. I, p. 92; Migne, *Patrologia latina*, t. 214, col. 1070-1072.

129.— Velletri, 14 septembre 1202 (*Velletri, XVIII kalendas octobris, [pontificatus anno V*). — Innocent III donne à Jacques, justicier et capitaine d'Apulie et de la Terre de Labour, avis de l'invitation qu'il vient d'adresser à Gautier, et l'invite lui-même à exécuter les ordres dudit Gautier.

Innocentii III papæ regest. lib. V, n° 85, dans Migne,

Patrologia latina, t. 214, col. 1072; mention Huillard-Bréholles, *Hist. diplom. Frederici* II, t. I, p. 94.

130. — Velletri, 14 septembre 1202 (*Velletri*, XVIII *kalendas octobris*, [*pontificatus anno* V]). — Innocent III autorise
Gautier, comte de Brienne, à faire un emprunt de 3,000 onces
sur les revenus du *cameriatus* d'Apulie et de la Terre de
Labour.

Innocentii III papæ regest. lib. V, n⁰ 86, dans Migne,
Patrologia latina, t. 214, col. 1072-1073.

131.— Velletri, 14 septembre 1202 (*Velletri*, XVIII *kalendas octobris*, [*pontificatus anno* V]).

Innocent III prévient le maître du *cameriatus* d'Apulie et de
la Terre de Labour, qu'il a mis à la disposition de Gautier, comte
de Brienne, les revenus dont ils ont l'administration.

Innocentii III papæ regest. lib. V, n⁰ 87, dans Migne,
Patrologia latina, t. 214, col. 1073.

132. — Ferentino, 21 mai 1203 (*Ferentini*, [XII *kalendas
junii, pontificatus anno* VI]). — Innocent III reçoit en grâce
Gautier, chancelier de Sicile, et refuse l'offre que lui fait le dit
Gautier de lui livrer une forteresse en garantie de sa conduite à
l'égard de Gautier, comte de Brienne.

Innocentii III papæ regest. lib. VI, n⁰ 71, dans Huillard-
Bréholles, *Hist. diplom. Frederici II*, t. I, p. 100-102;
Migne, *Patrologia latina*, t. 214, col. 67-68.

133.— Troyes, août 1203 (*Trecis, anno dominice incarnationis 1203, mense augusto*).— Jean de Brienne approuve l'admodiation par Clarembaud de Chappes, à l'abbaye de Larivour,
de ce que le dit Clarembaud possède dans le bois de Dosche.

Original, archives de l'Aube, fonds de Larivour.

134.— Latran, 1ᵉʳ septembre 1204 (*Laterani, kalendis septembris*, [*pontificatus anno* VIᵒ]). — Innocent III, à la demande de Gautier, comte de Brienne, accorde à Roger *de
Bisatiis* la ville de Bisignano, pour en jouir jusqu'à la majorité
de Frédéric, roi de Sicile, en échange de la ville de Minervino,
que ledit Roger a cédée à Jacques, justicier d'Apulie et de la terre
de Labour.

Innocentii III papæ regest. lib. VII, n⁰ 124, dans Migne,
Patrologia latina, t. 214, p. 408-409.

135. — Provins, avril 1205 (*Prurini, anno Domini 1205,
mense aprili*). — Jean de Brienne vend, pour 800 livres, à

Blanche, comtesse de Champagne, le village de Mâcon (Aube).
donné en fief par Thibaut III au dit Jean sans le consentement
de Blanche, et qui faisait partie du douaire de Blanche.

Catalogue des actes des comtes de Champagne, n° 614:
cf. Bréquigny, *Table des diplômes,* IV, 369.

Section 8°. — JEAN I°.

136. — Troyes, avril 1206 (*Trecis, anno incarnationis
dominice 1206, mense aprili*). — Jean, comte de Brienne,
donne à l'abbaye de Saint-Loup de Troyes l'Hôtel-Dieu de Chalette et ses dépendances, notamment l'Hôtel-Dieu de Brienne.

Original, Arch. de l'Aube, fonds de Saint-Loup; copie, Cart.
de Saint-Loup de Troyes, f° 49-v° 50 r°; édit., *Mém. lus à la
Sorbonne,* 1868, *Histoire,* p. 244-245.

137. — Novembre 1206 (*anno incarnationis dominice
1206, mense novembri*). — Blanche, comtesse de Champagne,
déclare qu'en sa présence, Milon, comte de Bar-sur-Seine, et
Gui de Jully-sur-Sarce, se sont accordés sur la mouvance de
Jully, Thors, Ville-sur-Arce, Magnan, etc. Jean, comte de
Brienne, est caution de Gui.

Catalogue des actes des comtes de Champagne, n° 659.

138. — Du 20 mars 1209 au 17 avril 1210 (*anno gratie
1209*). — Jean, comte de Brienne, et Guillaume, comte de
Joigny, déclarent qu'en leur présence, Guillaume, comte de San-
cerre, a fait l'aveu et dénombrement des fiefs qu'il tient de
Blanche, comtesse de Champagne.

Catalogue des actes des comtes de Champagne, n° 734.

139. — 23 avril 1209 (*Laterani, IX kal. maii, pontificatus anno XII*). — Innocent III recommande à Philippe-
Auguste, roi de France, Jean, comte de Brienne, qui va bientôt
épouser Marie, reine de Jérusalem.

Innocentii III papæ regest., lib. XII, n° 27, ap. Migne.
Patrologia latina, t. 216, col. 36-37.

140. — Avril 1210 (*anno gratie 1210, mense aprili*). —
Jean, comte de Brienne, donne à l'abbaye de Bassefontaine la
grange de Brienne-la-Vieille.

Cart. de Bassefontaine, pièce 8; édit., *Mém. lus à la Sorbonne,* 1868, *Histoire,* p. 245; cf. *Gall. Christ.* XII.
618 C.

141. — Juin 1210 (*anno gratie* 1210, *mense junio*). — Hervé, évêque de Troyes, déclare qu'en sa présence, Jean, comte de Brienne, a reconnu avoir fait la donation qui est l'objet de la charte précédente.

Cart. de Bassefontaine, pièce 9; édit., *Mém. lus à la Sorbonne*, 1868, *Histoire*, p. 245-246; extrait, Vignier, *Hist. de la maison de Luxembourg*, p. 221.

142. — Troyes, juin 1210 (*apud Trecas, anno dominice incarnationis* 1210, *mense junio*). — Jean, comte de Brienne, confirme l'admodiation faite à l'abbaye de Larivour, par Clarembaud de Chappes, de ce que ledit Clarembaud avait dans le bois de Dosche.

Cart. de Larivour, pièce cotée : *de Fonteneri* XXI; édit., *Mém. lus à la Sorbonne*, 1868, *Histoire*, p. 246.

143. — Du 18 avril 1210 au 2 avril 1211 (*anno ab incarnatione Domini* 1210). — Jean, comte de Brienne, confirme les donations de ses prédécesseurs à l'abbaye de Bassefontaine, et y ajoute une redevance annuelle d'un muid de blé sur les moulins de Brienne-la-Vieille.

Cart. de Bassefontaine, pièce X; édit., *Mém. lus à la Sorbonne, Histoire,* 1868, p. 246; extrait, Vignier, *Hist. de la maison de Luxembourg*, p. 221.

144. — Du 18 avril 1210 au 2 avril 1211 (*anno incarnati Verbi* 1210). — Jean, comte de Brienne, accorde à l'abbaye de Clairvaux droit d'usage dans le bois *Bateiz* pour la grange de Fenu (Aube).

Arch. de l'Aube, *Cart. de Clairvaux*, p. 95, pièce cotée : *Fenis* V; édit., *Mém. lus à la Sorbonne*, 1868, *Histoire*, p. 246-247.

145. — Du 14 avril 1213 au 29 mars 1214 (*anno incarnati Verbi* 1213). — Jacques *de Durnaio*, procureur de Jean, roi de Jérusalem, comte de Brienne, fait savoir que Gui *Reorte*, chevalier de *Mainil*, a engagé, pour 40 livres, à Guillaume, doyen de Brienne, la moitié de la grosse dîme *de Novo Mainil*.

Arch. de l'Aube, Cart. de la Léproserie de Troyes, f° 36 v°; édit., *Mém. lus à la Sorbonne*, 1868, *Histoire*, p. 247.

146-147. — Août 1217 (*anno incarnati Verbi* 1217, *mense augusto*.) — Jean, par la grâce de Dieu, roi des Latins de Jérusalem, comte de Brienne, constate par deux chartes des donations faites à l'hôpital des Allemands d'Acre.

Edit. Strehlke. *Tabulæ ordinis teutonici*, p. 41. Il est à noter qu'à partir d'une charte du 30 ou 31 mai 1220 (p. 43), on ne voit plus Jean prendre le titre de comte de Brienne.

148. — Acre, avril 1221 (*Accone, anno Domini* 1221, *mense aprili*). — Jean, roi de Jérusalem, qui était en possession du comté de Brienne, comme tuteur de son neveu Gautier, prie Blanche, comtesse de Champagne, et Thibaut IV, fils de la dite Blanche, de mettre en possession du comté de Brienne Gautier, aujourd'hui majeur.

Catalogue des actes des comtes de Champagne, nº 1330 ; Teulet, *Layettes du Trésor des chartes*, nº 1446.

Section 9ᵉ. — GAUTIER IV.

149. — Acre, 6 mai 1222 (*Accone, anno Domini* 1222, *octavo idus maii*). — Jean, roi de Jérusalem, ayant donné Onjon et Luyères à Gautier, son neveu, fils de Gautier, comte de Brienne, son frère, prie Blanche, comtesse de Champagne, et Thibaut IV, fils de Blanche, de recevoir l'hommage du dit Gautier.

Catal. des actes des comtes de Champagne, nº 1407 ; édit., Vignier, *Hist. de la Maison de Luxembourg*, p. 227, 229.

150. — 23 juillet 1222 (Xº *kalendas augusti, pontificatus anno* VIº). — Honorius III charge Etienne Colonna et Pierre Grégoire de contraindre par censure ecclésiastique Blanche, comtesse de Champagne, à payer une somme prêtée par Paul-Jean Mocerii, citoyen romain, à Gautier III, comte de Brienne, somme que Blanche s'est engagée à rembourser. Blanche objecte en vain qu'elle a mis en possession du comté de Brienne Gautier IV, fils de Gautier III.

Édit., D. Bouquet, XIX, 728 C D.

151. — Brévonne, janvier 1224 (*apud Bowronam, anno Domini* 1223, *mense januario*). — Gautier, seigneur de Brienne, donne au maître et aux frères de l'hôpital de Sainte-Marie des Teutoniques à Jérusalem, la grange de Bugney, près de Brienne-la-Vieille, le pré du comte, dit d'Ajou, 20 muids de vin de rente sur le pressurage de Brienne-le-Château et de Brienne-la-Vieille, droit de pâturage et d'usage dans les pâtures et les bois où ce droit appartient aux habitants de Brienne-le-Château et de Brienne-la-Vieille.

Original, archives de l'Aube, fonds de Clairvaux (commanderie de Beauvoir).

152. — Juillet 1224. — Gautier, seigneur de Brienne, donne la Maison-Dieu de Brienne au prieuré du lieu.

Arch. de la Haute-Marne, 2ᵉ cart. de Montiérender, f⁰ 10, r⁰ v⁰.

153. — Juillet 1224. — Gautier, seigneur de Brienne, constate que l'abbaye de Montiérender s'est engagée à faire célébrer la messe tous les jours, soit dans la Maison-Dieu de Brienne, soit dans l'église St-George du même lieu. Il promet de ne mettre à la Maison-Dieu et à l'église Saint-George de Brienne aucun chapelain qui ne soit moine de Montiérender.

2ᵉ Cart. de Montiérender f⁰ 10 v⁰.

154. — Août 1224 (*anno Domini* 1224, *mense augusto*). — Gautier, comte de Brienne, fait savoir que Unger de Brienne, ayant acquis de Jean de Thil un muid de blé de rente, a pris l'engagement de ne le vendre qu'à l'abbaye de Larivour. A l'exemple d'Érard, comte de Brienne, il autorise par avance l'acquisition de ce muid de rente par l'abbaye de Larivour.

Cart. de Larivour, f⁰ 59 r⁰, pièce cotée : *De usuario in nemoribus comitis Brene* XVIII.

155. — Août 1227 (*anno Domini* 1227, *mense augusto*). — Gautier, comte de Brienne, donne à l'abbaye de Montier-la-Celle ses droits sur Adenet de Lesmont et sur les bois de Montois et de *Fresnoi*. Il se réserve la garenne où cependant l'abbé pourra prendre des lapins pour sa nourriture quand le dit abbé ira à Montois.

Arch. de l'Aube, Inventaire de Montier-la-Celle, f⁰ 45 r⁰, d'après le cartulaire en parchemin, f⁰ 124 r⁰.

156. — Brévonne, novembre 1227 (*Bevronie, anno Domini* 1227, *mense novembri*). — Gautier, comte de Brienne, confirme les donations faites par ses prédécesseurs à l'abbaye de Bassefontaine et en ajoute quelques autres : cinq muids de vin de rente sur la vigne dudit Gautier près du château de Brienne, le terrage de Brienne-la-Vieille.

Cart. de Bassefontaine, pièce 11; mention : Vignier, *Hist. de la maison de Luxembourg*, p. 235.

157. — Du 1ᵉʳ au 25 mars 1228 (*anno Domini* 1227, *mense martio*). — Gautier, comte de Brienne, approuve, comme suzerain, la vente de la dîme de Morvilliers aux moines de Clairvaux,

par Clarembaud, seigneur de Chappes, son cher et fidèle cousin, et par Gui de Chappes, prévôt de St-Étienne de Troyes, frère du dit Clarembaud.

Arch. de l'Aube, Cart. de Clairvaux, page 57.

158. — Avril 1228 (*anno gracie* 1228, *mense aprili*). — Gautier, comte de Brienne, donne à Bernard de Montcuq 400 arpents de bois situés entre Piney, Gerosdot et Brévonne. Bernard paiera un denier de cens par arpent et aura le droit de vendre aux chevaliers du Temple, à ceux de l'Hôpital ou à l'abbaye de Clairvaux (cf. n° 171).

Arch. de l'Aube, Cart. de la commanderie de Saint-Jean du Temple de Troyes, f° IX r° v°.

159. — Du 26 mars 1228 au 14 avril 1229 (*anno gracie* 1228). — Gautier, comte de Brienne, approuve la donation d'une rente viagère d'un muid de froment à Jean *de Vadis*, clerc, par Clarembaud de Chappes et par Gui et Gautier, frères du dit Clarembaud. Cette rente est assise sur la grange de Beaumont, qui appartient à l'abbaye de Larivour.

Original, Arch. de l'Aube, fonds de Larivour; copie, Cart. de Larivour, f° 59 v°, pièce cotée : *De usuario in nemoribus comitis Brene*, XXII.

160. — Mai 1230 (*anno Domini* 1230, *mense maio*). Gautier, comte de Brienne, vidime, en les confirmant, les chartes de Gautier II, son bisaïeul, n° 57, d'Érard II, son aïeul, n° 95, de Gautier III, son père, n°s 106 et 112: il approuve comme suzerain la donation d'une partie de la forêt de Dosche à cette abbaye, par Clarembaud de Chappes, et reconnaît le droit d'usage de l'abbaye sur la forêt dite *Haia*.

Original, Arch. de l'Aube, fonds de Larivour; copie, Cart. de Larivour, f° 56-57, pièce cotée : *De usuario in nemoribus comitis Brene*, IX ; extrait, Vignier, *Hist. de la maison de Luxembourg*, p. 235, 237.

161. — Octobre 1230 (*anno gracie* 1230, *mense octobri*). — Gautier, comte de Brienne, approuve comme suzerain la donation par Jean de Thil à l'abbaye de Notre-Dame-aux-Nonnains de Troyes d'une rente de trois setiers de grain à prendre sur les revenus du dit Jean à Piney.

Original, Arch. de l'Aube, fonds de Notre-Dame-aux-Nonnains.

162. — Rosnay, septembre 1230 (*apud Ronay, anno Do-*

mini 1230, *mense septembri*).— Thibaut IV, comte de Champagne, constate que Jean, roi de Jérusalem, a mis sous la garde de Gautier, comte de Brienne, neveu dudit Jean, sa terre de Champagne, c'est-à-dire la terre du comte de Brienne située entre l'Aube et la Seine, notamment : 1⁰ la mouvance du fief possédé par l'église de Lyon [à Piney], 2⁰ Onjon, 3⁰ Luyères. Si Jean ne laisse pas d'enfant, Gautier héritera de cette terre.

Catal. des actes des comtes de Champagne, n⁰ 2066.

163. — Janvier 1231 (*anno Domini* 1230, *mense januario*).— Gautier, comte de Brienne, donne aux frères de l'Hôpital de Sainte-Marie des Teutoniques à Jérusalem, ses droits sur la Maison-Dieu de Brienne.

Original, Arch. de l'Aube, fonds de Clairvaux (Beauvoir).

164. — Du 7 avril 1230 au 22 mars 1231 (*anno Domini* 1230). — Donation de Gautier, comte de Brienne, à l'abbaye de Beaulieu, en compensation des nombreuses libéralités qu'il a reçues d'elle.

Extrait, Vignier, *Hist. de la maison de Luxembourg*, p. 235.

165. — Brienne, 15 juin 1231 (*apud Brenam, proxima die dominica post festum beati Barnabe apostoli, anno Domini* 1231, *mense junio*). — Gautier, comte de Brienne, donne aux frères de l'Hôpital de Sainte-Marie des Teutoniques à Jérusalem trois cents arpents de terre dans son bois de Chaumesnil, et droit d'usage et de pâturage pour la maison qu'ils y pourront construire.

Vidimus d'octobre 1288, Arch. de l'Aube, fonds de Clairvaux (Beauvoir).

166. — Juin 1231 (*anno Domini* 1231, *mense junio*). — Gautier, comte de Brienne, reconnaissant des libéralités de l'abbaye de Bassefontaine, lui donne 200 arpents dans le bois de *Wevre*.

Cart. de Bassefontaine, pièce 12.

167. — Juin 1231 (*anno gracie* 1231, *mense junio*). — Gautier, comte de Brienne, donne aux frères de l'Hôpital de Jérusalem 500 arpents du bois *Bateiz*, où ils pourront construire une maison et une chapelle, mais non une forteresse.

Arch. de l'Aube, Cart. de St-Jean du Temple de Troyes, fol. xxxv v⁰-xxxvi r⁰.

168. — Du 11 avril 1232 au 2 avril 1233 (*anno Domini*

1232). — Érard de Chassenay fait savoir que Bernard de Montcuq a vendu aux frères de la chevalerie du Temple 120 arpents
de bois qu'il tenait en fief du comte de Brienne, dans la forêt dite
li Bateiz. En qualité de lieutenant du comte de Brienne, il trans-
forme en terre censuelle ces 120 arpents qui étaient terre
féodale.

Cart. de St-Jean-du-Temple de Troyes, f⁰ VIII, r⁰ v⁰.

169.—Acre, octobre 1235 (*apud* Accon, *anno Domini* 1235,
mense octobri). — Gautier, comte de Brienne, donne aux
frères de la sainte maison de l'Hôpital de Jérusalem droit de pâturage dans le bois dit *Orient*.

Cart. de la Commanderie de St-Jean du Temple de Troyes,
f⁰ XXXV r⁰.

170.—Acre, janvier 1237 (*apud* Accon *anno Domini* 1236).
— Gautier comte de Brienne, ayant donné la Maison-Dieu de
Brienne aux frères de l'Hôpital de Sainte-Marie-des-Teutoniques,
à Jérusalem, prie le chapitre de la cathédrale de Saint-Pierre de
Troyes d'approuver cette donation.

Original, Archives de l'Aube, fonds de Clairvaux (Beauvoir).

171. — Acre, avril 1238 (Accon, *anno gracie* 1238, *mense
aprili*). — Gautier, comte de Brienne, transfère à la maison et
aux frères de la milice du Temple les 400 arpents de bois qu'il
avait donnés à Bernard de Montcuq par la charte 158. Témoins :
Eustorge, archevêque de Nicosie; Otton de Montbéliard, connétable du royaume de Jérusalem; Balian, seigneur de Sidon.

Cart. de la commanderie de St-Jean-du-Temple de Troyes,
fol. XLIIII-XLV.

172.—Acre, 6 octobre 1238 (Accon, *pridie nonas octobris*),
Gautier, comte de Brienne, est du nombre des notables du
royaume de Jérusalem qui donnent aux croisés français les ren-
seignements nécessaires pour entreprendre l'expédition d'outre-
mer.

Catalogue des actes des comtes de Champagne, n⁰ 2479.

173. — Du 15 avril 1240 au 30 mars 1241 (1240). — Gautier, comte de Brienne, ayant fait à Érard de Trainel, son
cousin-germain, don d'une somme de 400 livres de Provins,
invite ses baillis à la payer.

Bibl. Nationale, lat. 5993 A, f⁰ 368 r⁰, 369 v⁰.

Section 10. — JEAN II.

174. — Juillet 1247 (*anno 1247, mense julio*). — Philippine, dame de Ramerupt, avait demandé à Thibaut IV, comte de Champagne, roi de Navarre, le bail de la terre assignée par le dit Thibaut à la reine de Chypre. Thibaut, doutant de la mort du noble comte de Brienne Gautier, donne provisoirement cette terre en garde à Philippine. Si le comte Gautier est vivant, il se fera rendre les produits par Philippine ; s'il est mort, elle aura le bail de la terre en question et elle en fera hommage.

Catal. des actes des comtes de Champagne, n⁰ 2808.

175. — Nicosie, du 31 mars 1247 au 18 avril 1248 (Nicosie, en l'an de l'incarnation N.-S. J.-C. 1247). — Henri, roi de Chypre, cède à Jean de Brienne, fils de Marie sa sœur, et de Gautier, comte de Brienne, ses droits sur le comté de Champagne.

Catal. des actes des comtes de Champagne, n⁰ 2828.

176. — Troyes, 19 mars 1250 (*Trecis, die sabbati ante ramos palmarum, anno Domini* 1249). — Gautier, chevalier, seigneur de Reynel, est mis par Thibaut IV, comte de Champagne, roi de Navarre, en possession d'Onjon, de Luyères et de Ville-sur-Terre, que Thibaut avait saisis faute d'homme. Le dit Gautier de Reynel les tiendra à titre de *bail* et garantira Thibaut contre toute poursuite qui serait tentée par Gautier, comte de Brienne, et les héritiers de ce dernier.

Catal. des actes des comtes de Champagne, n⁰ 2909.

177. — Juillet 1254 (*anno Domini* 1254*, mense julio*). — Gautier, seigneur de Raynel et bail du comté de Brienne, approuve un acte de la même date par lequel Gui de Milly et Agnès, sa femme, vendent à l'ordre du Temple, pour 1700 livres tournois, 600 arpents de terre et de bois dits bois *Bateiz*, entre Brévonne et la maison de Bonlieu, possession du même ordre.

Cart. de la Commanderie de St-Jean-du-Temple de Troyes, fol. xi-xii.

178. — Nicosie, 21 mars 1258 (Nicosie, l'an de nostre Seigneur 1257, le mois de mars, à 21 jours du mois). — Henri, fils de feu Boëmond, prince d'Antioche, et Isabeau, sa femme, fille de feu Hugues, roi de Chypre, approuvent la renonciation d'Alix,

reine de Chypre, belle-mère du dit Henri, au comté de Champagne. Ils font connaître à Thibaut V, comte de Champagne, roi de Navarre, qu'en vertu d'un partage où sont intervenus feu Henri, roi de Chypre, et les susdits Henri et Isabeau, la terre cédée à Alix, en vertu de la renonciation dont il vient d'être question, est échue à Jean, fils de Gautier, comte de Brienne (voir n° 184).

Catal. des actes des comtes de Champagne, n° 3128.

179. — Du 13 avril 1259 au 3 avril 1260 (*anno* 1259). — Philippe, archevêque élu de Lyon, Milon, doyen, et le chapitre de la même église, vendent à Thibaut V, comte de Champagne, roi de Navarre, la mouvance d'un fief situé dans le comté de Brienne, diocèse de Troyes, et tenu des doyen et chapitre de Lyon par le comte de Brienne, qui chaque année, le 1ᵉʳ octobre, en rend six livres au chapitre. Prix : 750 livres tournois, dont quittance. Sont réservés les droits acquis sur ce fief par Bernard de Montcuq, en vertu d'une concession faite par feu Gautier, comte de Brienne, et confirmée par le chapitre de Lyon.

Catal. des actes des comtes de Champagne, n° 3184.

180. — 18 avril 1260 (*anno Domini* 1260, *die dominica in quindena Pasche*). — Jean, comte de Brienne, et Gui *de Basain-villa*, représentant en France la chevalerie du Temple, nomment des arbitres pour juger les contestations élevées entre eux au sujet des maisons de Bonlieu et de Ville-sur-Terre, appartenant au Temple et saisies par ordre de Jean dans l'an et jour de son retour de Palestine.

Cart. de la Commanderie de St-Jean-du-Temple de Troyes, fol. LII-LIII.

181. — Juin 1260 (*anno* 1260, *mense junio*). — Jean, comte de Brienne, dont les prédécesseurs faisaient hommage de Piney à l'archevêque et au chapitre de Lyon, déclare que, sur l'invitation de Philippe, archevêque, de Milon, doyen, et du chapitre de Lyon, il a fait hommage de Piney à Thibaut V, comte de Champagne, roi de Navarre.

Catal. des actes des comtes de Champagne, n° 3202.

182. — Ramerupt, septembre 1260. — Jean, comte de Brienne, ayant saisi la Maison-Dieu de Brienne, remet l'abbaye de Montiérender en possession de cet établissement.

Archives de la Haute-Marne, 2ᵉ Cartulaire de Montiérender, f° 12 r°.

Section 11ᵉ — HUGUES.

183. — Janvier 1261 (*anno Domini* 1260, *mense januario*). — J[ean], châtelain de Noyon et de Thourotte, et H[ugues], seigneur de Broyes, exécuteurs du testament de Jean, comte de Brienne, fondent à l'abbaye de Bassefontaine, en exécution de ce testament, une chapellenie en l'honneur de sainte Catherine. La dotation de cette chapellenie sera de 15 livres de rente à prendre sur le péage de Brienne.

Archives de l'Aube, *vidimus* daté de janvier 1296, le dimanche avant la Purification ; Cart. de Bassefontaine, pièce 44.

184. — Nicosie, 28 août 1261. — Hugues, fils de [Gautier], comte de Brienne, envoie Barthélemi de la Marche à Thibaut V, comte de Champagne, roi de Navarre ; il le prie de mettre le dit Barthélemi en possession des biens qui ont appartenu à Alix de Champagne, reine de Chypre, en vertu du traité conclu entre la dite Alix et Thibaut IV (voir n⁰ 178).

Catal. des actes des comtes de Champagne, n⁰ 3233.

185. — Acre, 27 mai 1267 (Acre, à xxvii jors de mai). — Guillaume, patriarche de Jérusalem, Thomas Bérard, grand-maître de l'ordre du Temple, Hugues Revel, grand-maître de l'ordre de Saint-Jean de Jérusalem ; Anne, grand-maître de l'ordre teutonique ; Jofroi de Sergines, sénéchal du royaume de Jérusalem, demandent à Thibaut V, comte de Champagne, roi de Navarre, un délai pour Hugues, comte de Brienne, qui ne peut immédiatement prendre possession de son comté.

Catal. des actes des comtes de Champagne, n⁰ 3407.

186. — Troyes, 31 juillet 1269 (*anno Domini* 1269, *mense julio, in vigilia beati Petri ad vincula, apud Trecas*). — Hugues, comte de Brienne, confirme et amortit, moyennant mille livres tournois, les acquisitions faites jusqu'à ce jour dans son comté par les Templiers. Ces acquisitions sont énumérées.

Cart. de Saint-Jean-du-Temple de Troyes, folios xxix–xxxi et xxxi-xxxii.

187. — Décembre 1269 (*anno Domini* 1269, *mense decembri*). — Hugues, comte de Brienne, amortit, moyennant la somme de 350 livres tournois, deux récentes acquisitions de l'abbaye de Larivour : une rente de grain sur la forêt de Dosche, et dix *jugera* de terre entre Rachisy et le Chardonnet.

4

Original, arch. de l'Aube, fonds de Larivour.

188. — Viterbe, 13 janvier 1270 (*Viterbii*, X *kalendas februarii, indictione* XIII, *anno Domini* 1270). — Hugues, comte de Brienne, confirme l'acquisition de la *Nova grangia Bernardi de Montecuco* par le chapitre de Saint-Urbain de Troyes.

Original, Archives de l'Aube, fonds de Saint-Urbain de Troyes.

189. — Brienne, du 13 au 30 avril 1270, ou du 1ᵉʳ au 4 avril 1271 (Brène, en l'an de l'Incarnation Nostre Seigneur Jhesu mil deux cens sexante et dix, ou mois d'avril). — Hugues, comte de Brienne, confirme le testament de Jean son frère, qui a légué 20 livres de rente sur le péage de Brienne pour la fondation d'une chapellenie en l'honneur de la sainte Vierge dans la maison dite Orient, que l'ordre de Saint-Jean de Jérusalem possède au comté de Brienne.

Cartulaire de Saint-Jean-du-Temple de Troyes, folio XXXIV, r⁰ v⁰.

190. — Brienne, le 8 mai 1270 (« Brienne le Chatel, jeudi après le dimange que on chante *jubilate*, » mai 1270). — Hugues, comte de Brienne, confirme les possessions de l'abbaye de Montiérender dans son comté. Il en donne la liste.

Archives de la Haute-Marne, 2ᵉ cart. de Montiérender, folio 12, r⁰ v⁰.

191. — Mai 1270 (en l'an de l'incarnation nostre Seigneur 1270, ou mois de may). — Hugues, comte de Brienne, donne provisoirement aux Templiers de Bonlieu 70 livres de rente sur la vente de Brienne, au lieu et place de la terre qu'il leur a assignée à Pel. Cette terre est provisoirement comprise parmi les biens qui procurent à la comtesse de Brienne une rente de 800 livres à titre de douaire. Quand la comtesse de Brienne cessera de jouir de cette terre, cette terre reviendra aux Templiers.

Cart. de la Commanderie de St-Jean-du-Temple de Troyes, f⁰ XII r⁰ v⁰.

192. — Mai 1270 (*anno Domini* 1270, *mense maio*). — Hugues, comte de Brienne, confirme les frères de l'Hôpital des Teutoniques de Beauvoir dans la possession du moulin à vent qu'ils ont autrefois construit près de leur maison. Les habitants de Morvilliers, de la Chaise et de tous les villages situés entre Morvilliers et Soulaines pourront faire moudre à ce moulin.

Original, arch. de l'Aube, fonds de Clairvaux (Beauvoir).

193. — Marseille, 23 juin 1270. — Hugues, comte de Brienne, reconnaît devoir à Thibaut V, comte de Champagne, roi de Navarre, 2,000 livres tournois pour le relief : 1⁰ du comté de Brienne qui lui est échu par le décès de Jean, comte de Brienne, son frère; 2⁰ de la succession de son frère Hémeric.

Catal. des actes des comtes de Champagne, n⁰ 3661.

194. — 13 avril 1272. — Hugues, comte de Brienne, accorde à l'abbaye de Boulancourt, moyennant 150 livres tournois, des lettres d'amortissement pour tous les biens acquis jusqu'à ce jour par cette abbaye dans le comté de Brienne.

Mention, Lalore, *Cartulaire de Boulancourt*, p. 64.

195. — Janvier 1273 (1272 *v. st.*). — Par devant l'official de Troyes et Hugues, comte de Brienne, Anseau, écuyer, seigneur de Deuilly, déclare mettre dans la mouvance d'Henri III, comte de Champagne, roi de Navarre, tout ce qu'il possède à Fontenay, Chavanges, Hamtelle et Longeville.

Catal. des actes des comtes de Champagne, n⁰ 3731.

196. — Août 1288. — Hugues, comte de Brienne, approuve l'amortissement par Gautier d'Ecot et par Jaque, femme du dit Gautier, des acquisitions faites par la commanderie de Beauvoir, Ordre teutonique, à Morvilliers. Gautier a reçu de la commanderie dix livres tournois.

Original, arch. de l'Aube, fonds de Clairvaux (Beauvoir).

197. — Brienne, octobre 1288. — Hugues, comte de Brienne, vidime la charte de Gautier IV, n⁰ 165.

Original, arch. de l'Aube, fonds de Clairvaux (Beauvoir).

Section 12. — GAUTIER V.

198. — Mars 1297 (l'an de grace 1296, ou moys de marz). — Philippe, roi de France, fait connaître les conventions conclues entre Marie de Mercœur, comtesse de Joigny, et Gautier, comte de Brienne, pour le mariage de Jean, comte de Joigny, fils de la dite Marie, avec Agnès, sœur dudit Gautier. La comtesse de Joigny assure à son fils 1300 livres de rente immédiatement, et dans l'avenir un total de 5,000 livres de rente. Agnès de Brienne aura en douaire la moitié des dites 5,000 livres et le château de Joigny. Gautier, comte de Brienne, lui donne en partage 300 livres de rente à prendre au bois de Mans, près de Meaux, une

maison dans ce bois et 7,000 livres une fois payées. Sur ces 7,000 livres, 5,000 seront employées par le comte de Joigny en acquisitions d'immeubles, et, jusqu'à cet emploi, gardées à l'abbaye de Montier-la-Celle dans un coffre à deux clefs, dont l'une sera remise au comte de Joigny, l'autre au comte de Brienne.

Original, arch. du château de Brienne.

199. — Beauvoir, juin 1303 (Belveoir, l'an de grace 1303, ou mois de juin).— Gautier, comte de Brienne et de Lecce, approuve la donation faite à la commanderie de Beauvoir par Marguerite la Jeune de Chaumesnil, veuve de Jean de Morambert, chevalier, des biens possédés à Chaumesnil par la dite Marguerite. Il autorise la commanderie à acquérir dans le comté de Brienne jusqu'à concurrence de 35 sous de rente.

Original, Arch. de l'Aube, fonds de Clairvaux (Beauvoir).

200. — 16 avril 1304 (l'an de grace 1304, le juedi après la quinzène de pasques). — Gautier, comte de Brienne et de Lecce, autorise la commanderie de Beauvoir à acquérir dans ses fiefs jusqu'à concurrence de 40 livres de rente.

Original, Arch. de l'Aube, fonds de Clairvaux (Beauvoir).

201. — Octobre 1305 (l'an de grace nostre Seigneur 1305, ou mois d'octobre). — Gautier, comte de Brienne et de Lecce, et Jeanne sa femme, vendent au chapitre de Saint-Pierre de Troyes, pour 6,600 livres tournois, 200 livres de rente sur les foires et autres revenus du domaine royal à Troyes. Ces 200 livres de rente faisaient partie du patrimoine de Jeanne.

Copie informe, Arch. de l'Aube, fonds de Saint-Pierre de Troyes; mention dans Camuzat, *Promptuarium*, f° 281 r°, et dans Duchesne, *Hist. de la maison de Chastillon*, Pr., p. 212.

202. — Avril 1307 (l'an de grace nostre Seigneur 1307, ou mois d'avril). — En exécution du contrat de mariage de Gautier, comte de Brienne et de Lecce, et de Jeanne de Châtillon, Gautier de Châtillon, comte de Porcien, connétable de France, père de la dite Jeanne, donne à Gautier, comte de Brienne et de Lecce, 200 livres de rente sur le domaine royal de Bar-sur-Aube, savoir : 1° 110 livres de rente qu'il a reçues de Philippe-le-Bel, roi de France, avec le comté de Porcien, en échange des châtellenies de Chatillon et de Crécy, 2° 90 livres de rente qui appartenaient à Helissend de Vergy, comtesse de Vaudémont, sa femme, laquelle consent à en faire l'abandon.

Original, Arch. de l'Aube, fonds de Saint-Pierre de Troyes, cf. Duchesne, *Hist. de la maison de Chastillon*, p. 353.

203. — Mai 1308 (l'an de grace 1308, ou mois de may). — Gautier, comte de Brienne et de Lecce, amortit les biens du prieuré de Blaincourt (Aube).

Original, Arch. de l'Aube, fonds de Saint-Loup.

204. — 28 mai 1308 (l'an de grace 1308, le mardi devant Penthecoste). — Colot Charreton, receveur du comté de Brienne, reconnaît avoir reçu du prieur de Blaincourt 30 livres tournois comme prix de l'amortissement qui précède.

Original, Arch. de l'Aube. fonds de Saint-Loup.

205. — Décembre 1308 (l'an de grace 1308, ou mois de décembre). — Gautier, comte de Brienne et de Lecce par la grâce de Dieu, remet le prieur de Blaincourt en possession du droit de pêche dans l'Aube de « la fosse du molin de Blancourt jusques au « ru de Brauz. »

Extr. d'un vidimus du 18 février 1398 *v. st.*, Arch. de l'Aube, fonds de Saint-Loup.

206. — Brienne, 24 avril 1309 (Brienne, l'an 1309, ou mois d'avril, le lendemain saint Gorge). — Gautier, comte de Brienne et de Lecce, donne à Jean Troullart de Joinville, son cousin, seigneur de Villehardouin, droit d'usage pour sa maison et ses hommes de Villehardouin dans les bois « Bateiz » et dans la forêt d'Orient.

Original, Arch. de l'Aube, fonds de Saint-Loup.

207. — Mai 1309 (l'an de grace 1309, ou mois de may). — Gautier, comte de Brienne et de Lecce, vend à l'abbaye de Saint-Loup de Troyes, pour 750 livres tournois, une « grange » à Blaincourt et ses dépendances, sur le finage de Blaincourt et les finages voisins.

Original, Arch. de l'Aube, fonds de Laint-Loup.

208. — 1ᵉʳ juin 1309 (le mardi premier jour de joing, en l'an de grace mil trois cens et noef). — Jean, sire de Joinville, sénéchal de Champagne, cède à Gautier, comte de Brienne, la mouvance du fief que possédait à Dommartin-le-Franc (Aube) Anseau de Reynel, fils du dit Jean.

Original, Arch. du château de Brienne.

209. — Juin 1309. — Gautier, comte de Brienne, accorde à l'abbaye de Boulancourt des lettres d'amortissement pour tous les biens que cette abbaye possédait dans le comté de Brienne.

Mention, Lalore, *Cartulaire de l'abbaye de Boulancourt*. p. 67, d'après le Cart. français de Boulancourt, n° 456.

210. — Zeitoun, 10 mars 1311 (l'an de grace 1311, lou macredi à dis jours de mars … au Gitom).— Testament de Gautier, duc d'Athènes, comte de Brienne et de Lecce.

Original, arch. du château de Brienne; édit., *Voyage paléographique dans le département de l'Aube*, p. 332.

Section 13ᵉ. — GAUTIER VI.

200. — Naples, 22 novembre 1312 (*anno nativitatis dominicæ* 1312, *pontificatus sanctissimi patris et domini Clementis papæ quinti anno* VII, *die* XXII *novembris*, XI *indictione, apud Neapolim*).— Par devant Humbert, archevêque de Naples, et Barthélemi de Gène, notaire, Jeanne de Châtillon, duchesse d'Athènes, comtesse de Brienne et de Lecce, baillistre de Gautier et d'Isabelle, ses enfants, nomme son procureur général Gaucher de Châtillon, comte de Porcien, connétable de France, son père.

Edit., Vignier, *Hist. de la maison de Luxembourg*, 1619, in-4°, p. 243, 245; extrait, Duchesne, *Hist. de Chastillon*, Pr., p. 212.

201. — Avignon, 25 octobre 1316 (*Avenione*, VII *kalendas novembris, pontificatus nostri anno primo*). — Jean XXII, pape, donne aux prédicateurs qui prêcheront devant Jeanne de Châtillon, duchesse d'Athènes, l'autorisation d'accorder vingt jours d'indulgence à leur auditoire.

Original, arch. du château de Brienne.

202. — 29 juin 1317 (l'an 1317, le mescredi après la saint Jehan Baptiste). — Jean, fils de Simunni de Yèvre, donne aveu et dénombrement à la duchesse d'Athènes, comtesse de Brienne et de Lecce.

Original, archives du château de Brienne.

203.— Août 1317.— Jeanne de Châtillon, duchesse d'Athènes, comtesse de Brienne et de Lecce, « bail, garde et gouverneresse » de la comté de Brène », donne à Geofroi de Boutigny, son écuyer, la terre de Jean de Morambert. Elle promet que Gautier, son fils, ratifiera cette donation quand il sera majeur.

Extrait d'un vidimus du 13 novembre 1346 communiqué par Mᵐᵉ Petitot.

215. — 12 juillet 1318 (*Avenione*, 4⁰ *idus julii, pontificatus anno II"*). — Jean XXII, pape, donne à Jeanne de Châtillon, duchesse d'Athènes, comtesse de Brienne, permission
générale de se faire dire des messes basses dans les localités
frappées d'interdit.

Original, Archives de l'Aube, fonds de Saint-Pierre de Troyes,
couverture d'un volume de *Casus Longi* sur le Code, coté G.
2337.

216. — Janvier 1321 (*Parisiis, anno Domini* 1320, *mense
januario*). — Philippe-le-Long, roi de France, fait connaître
les termes d'une transaction conclue entre Jeanne de Châtillon,
duchesse d'Athènes, comtesse de Brienne et de Lecce, d'une
part, et Gautier VI son fils. Gautier paiera, jusqu'à concurrence
de 7,000 livres tournois, les dettes faites par son père et sa mère,
pour la défense de leurs possessions outre-mer. Sa mère paiera
le reste; elle aura sur le duché de Brienne une rente de 600 livres,
dont elle pourra aliéner 200 en cas de nécessité absolue, 100 seu-
lement s'il n'y a pas nécessité; le surplus sera viager.

Edit. Duchesne, *Hist. de Chastillon*, Pr., p. 213.

217. — Janvier 1321 (*Parisiis, anno Domini* 1320,
mense januario). — Philippe-le-Long fait connaître les termes
d'un arrangement conclu entre Jeanne de Châtillon, duchesse
d'Athènes, et Isabelle, sa fille, d'une part, Gautier VI, d'autre
part: Jeanne renonce à son droit de douaire sur la terre *de Pra-
tella*, dans la forêt de Vassy. Gautier assigne comme part d'hé-
ritage cette terre, estimée 2000 livres tournois de rente, à Isabelle sa sœur, qui s'en déclare contente.

Edit. Duchesne, *Hist. de Chastillon*, pr., p. 213-214.

218. — Janvier 1321. — Contrat de mariage d'Isabelle de
Brienne qui épouse Gautier, seigneur d'Enghien.

Mention, Duchesne, *Hist. de Chastillon*, p. 354, et pr.,
p. 214.

219. — Novembre 1323 (*mense novembri, anno Domini*
1323). — Jean, abbé de Beaulieu, et Gui, abbé de Bassefontaine,
abandonnent au duc d'Athènes, comte de Brienne et de Lecce, et
à Jeanne de Châtillon, duchesse d'Athènes, comtesse de Brienne
et de Lecce, une rente de dix muids de vin sur une vigne située
au-dessous du château de Brienne : ils reçoivent en échange la
vigne de l'Écuyer, finage de Brienne, près du chemin de Troyes.
Approbation d'Adam, abbé de Prémontré.

Original, arch. du château de Brienne.

220. — 9 février 1326 (le noveimme jour dou mois de février. l'an de grace 1325). — Jean de Jaucourt, frère et procureur d'Erard, chevalier, seigneur de Jaucourt, donne son consentement au mariage de Jeannette, fille de Thomassin de Jaucourt, avec Jeannin de Trannes, « homme de cors de noble dame madame » la comtesse de Brienne. »

Original, arch. du château de Brienne.

221. — 17 octobre 1333 (dimanche avant saint Luc). — Charte de Jeanne de Châtillon, duchesse d'Athènes, comtesse de Brienne et Lecce, pour l'abbaye de Montiérender.

Arch. de la Haute-Marne, 2ᵉ cart. de Montiérender, fᵒ 26 vᵒ-28 rᵒ.

222. — 5 avril 1336 (l'an de grace nostre Seigneur 1336, le venredi après Pasques cumenians). — Jean, abbé de Bassefontaine, reconnaît avoir reçu de Jeanne de Châtillon, duchesse d'Athènes, comtesse de Brienne et de Lecce, tous les termes échus de la rente de quinze livres qu'elle doit à cette abbaye.

Original, arch. du château de Brienne.

223. — Brienne, 13 juin 1339 (Brène ... le dymenche après la feste saint Barnabé appostre, l'an de grace 1339). — Jeanne de Châtillon, duchesse d'Athènes, comtesse de Brienne et de Lecce, reconnaît que le prieur de Radonvilliers a droit de justice à Radonvilliers, et fait restituer six « grosses bestez » saisies par le mayeur de Brienne-la-Vieille sur le territoire de Radonvilliers.

Original, arch. du château de Brienne.

224. — 12 octobre 1340 (lou jeudi après la saint Denys, l'an de grace 1340). — Ponsard de Villars-en-Azois avoue tenir de la duchesse d'Athènes, comtesse de Brienne et de Lecce, divers biens à Vaubercey.

Original, arch. du château de Brienne.

225. — 18 mai 1341 (le landemain de l'Ascension nostre Seigneur, l'an de grace 1341). — Gautier, sire d'Arzillières et de Landricourt, reconnaît que, pour la terre de Mathaux, Auzon et l'Etape, il doit par an six semaines de garde « en armes et en « chevaulz en la ville ou en chastel de Brène. »

Original au château de Brienne.

226. — Monastère du Val-des-Ecoliers, près de Paris, 8 janvier 1342 (au Val-des-Ecoliers-lès-Paris, l'an de grace 1341.

ou moys de janvier le viii° jour). — Philippe, roi de France, enlève au ressort du bailliage de Chaumont et met dans le ressort du bailliage de Troyes la seigneurie de Juvanzé, nouvellement acquise du seigneur de Saint-Phal, par Gautier, duc d'Athènes, comte de Brienne, dont le comté faisait déjà partie du bailliage de Troyes.

Original, archives du château de Brienne.

227. — 16 avril 1344 (le venredi après Quasimodo, l'an XLIIII). — Aveu et dénombrement donné à la duchesse d'Athènes, comtesse de Brienne et de Lecce, par Marguerite, veuve de Guyot Baumette, pour des biens à Vaubercey, Blaincourt, Pressy-Nostre-Dame, Pel et Der.

Original, arch. du château de Brienne.

228. — Brienne, 14 décembre 1345 (en nostre assise de Brène, commençant le mescredi après la sainte Luce, l'an 1345).—Jean Bonnez, bailli de Brienne, agissant en exécution de lettres émanées du duc d'Athènes, comte de Brienne et de Lecce, déclare avoir reconnu après enquête que l'abbaye de Larivour a droit de basse justice dans la maison du Chardonnet et dans ses dépendances.

Orig. Arch. de l'Aube, fonds de Larivour.

229. — 12 janvier 1346 (lou juedi avent feste saint Remi et saint Hilaire, l'an 1345). — Aveu et dénombrement donné à la duchesse d'Athènes, comtesse de Brienne et de Lecce, par Colot d'Epagne pour les biens qu'il possède à Vaubercey.

Original, arch. du château de Brienne.

230. — 2 janvier 1347 (lou mardi après la Circoncision nostre Seigneur, l'an de grace 1346). — Par devant Pierre de Dijon, prieur de Radonvilliers, Ponsard de Villars-en-Azois donne aveu et dénombrement à la duchesse d'Athènes, comtesse de Brienne et de Lecce pour des biens situés à Vaubercey.

Original, arch. du château de Brienne.

231. — 1347. — Testament de Gautier, duc d'Athènes, comte de Brienne et de Lecce.

Exemplaire où manquent les dernières lignes et la date, archives du château de Brienne; extrait, *Voyage paléographique dans le département de l'Aube*, p. 341; cf. Sassenay, *les Brienne de Lecce et d'Athènes*, p. 187, note.

232. — Lecce, 17 février 1352. — Gautier, duc d'Athènes, comte de Brienne et de Lecce, lève la saisie mise par son ordre

sur la rivière et les bois de Morambert, et en ordonne la restitution à Gautier de Boutigny, chevalier, « li quex est ou present
» en nostre compaignie et service de ça lez mons. »

Deux vidimus en date de 1353 communiqués par Mme Petitot.

233. — 8 septembre 1353 (l'an 1353, le huitiesme jour de septembre). — Jean, abbé de Bassefontaine, reconnaît avoir reçu de
la duchesse d'Athènes, comtesse de Brienne et de Lecce, sept
livres dix sous pour le terme échu à Pâques dernier de la rente
que l'abbaye de Bassefontaine possède sur le péage de Brienne.

Archives du château de Brienne.

234. — 16 janvier 1355 (l'an de grace 1354, le xvi de janvier). — Epitaphe de Jeanne de Châtillon, duchesse d'Athènes,
comtesse de Brienne et de Lecce, aux Jacobins de Troyes.

Edit. Vignier, *Histoire de la maison de Luxembourg*,
p. 261; Duchesne, *Hist. de Châtillon*, pr., p. 214.

235. — Amiens, novembre 1355 (*Ambianis, anno Domini
1355, mense novembri*). — Jean, roi de France, abandonne à
Gautier, duc d'Athènes, comte de Brienne, ses droits sur les
aubains qui sont venus jusqu'à présent s'établir dans le comté de
Brienne. Il accorde cette faveur en reconnaissance des services
du dit Gautier.

Original, arch. du château de Brienne.

236. — Après le 19 septembre 1356. — Epitaphe de Gautier,
duc d'Athènes, comte de Brienne, seigneur de Lecce, à l'abbaye
de Beaulieu.

Edit., Vignier, *Histoire de la maison de Luxembourg*,
p. 259; Ducange, *Hist. de l'empire de C. P.* publiée par
Buchon, II, 207.

Nogent-le-Rotrou, imprimerie de A. Gouverneur.

www.ingramcontent.com/pod-product-compliance
Ingram Content Group UK Ltd.
Pitfield, Milton Keynes, MK11 3LW, UK
UKHW031746170726
13836UKWH00002B/921